林业经济与管理学术文库

中国国有林权制度改革研究

许兆君 著

中国林業出版社

图书在版编目（CIP）数据

中国国有林权制度改革研究/许兆君著．—北京：中国林业出版社，2008.9
（林业经济与管理学术文库）
ISBN 978-7-5038-5322-7

Ⅰ．中…　Ⅱ．许…　Ⅲ．国有林－产权－经济体制改革－研究－中国　Ⅳ．F326.22

中国版本图书馆 CIP 数据核字（2008）第 144840 号

出　版　中国林业出版社（100009　北京西城区刘海胡同 7 号）
网　址：www.cfph.com.cn
E-mail：forestbook@163.com　电话：（010）66162880
发　行：中国林业出版社
印　刷　北京林业大学印刷厂
版　次：2008 年 9 月第 1 版
印　次：2008 年 9 月第 1 次
开　本：787mm×960mm　1/16
印　张：10
字　数：180 千字
印　数：1～2500 册
定　价：50.00 元

序

摆在我们面前的这本专著，是许兆君的博士学位论文。这篇论文的突出特点是，它是在坚实的国有林权改革实践基础之上，经过深入的学术探索、理论创新后写成的，全篇论文中渗透着作者高度的历史责任感、使命感、开拓创新精神以及厚重扎实的学术功底。我作为他的博士论文指导教师，很荣幸在论文出版之际为这本专著性成果写一个序言。

许兆君在大学期间就读于哲学专业，获得哲学硕士学位，任过大学教师，有长期从政的经历，是学者型地方领导干部，学位论文主要完成于他担任伊春市市长期间。两年前，他发起并具体组织领导了一场意义深远的国有林权制度改革。长期以来，国有林权制度改革一直是“禁区”，没有人愿意和敢于触及，许兆君到伊春担任市长、林业管理局局长后，通过深入调查，他深深感受到林区的单一国有国营体制已经到了非突破不可的地步，不解决林业产权虚置的问题，国有林区就找不到出路和希望，因此，国有林区林权制度改革势在必行，但作为“禁区”，总要有人站出来，去捅破这层窗户纸。在2003年中共中央、国务院《关于加快林业发展的决定》刚刚出台不久，许兆君在伊春实践和探索的基础上，给国务院副总理回良玉同志写信，希望伊春市能担当全国国有林权改革试点单位，此后又多次向国务院和国家林业局领导提出建议。他的努力也最终如愿以偿，伊春被国家确定为全国唯一的国有林区林权制度改革试点，并于2006年4月启动实施，使这个一度陷入发展困境的重点国有林区在发展的道路上峰回路转，迎来了重大的历史性转机。

许兆君的这部论著，以伊春国有林区林权改革试点为依托，紧紧围绕林业产权这个核心问题，从重塑国有林区制度架构入手，在反复试验、反复总结的基础上求解论证，体现了他善于抓住主要矛盾、把握问题本质的能力，也体现了严谨求实的学风和大胆创新的思想作风。其实，一个命题如果从单纯学术的角度来说，研究的问题本身并没有什么微著与高下之分，但是如果从思想性、人文性、社会性去衡量，其学术与实践价值就大不相同了。在本部论著中，许兆君虽以国有林区的体制性问题作为研究对象，但从根本上说却是对整个国有林区发展前景的关注，是对广大林区林业职工命运的关注，反映的是国有林区宏观的气象，而不是某一个方面的具体问题，研究这些问题需要多学科知识，因而这篇论文的学术视野也是十分开阔的，特别是反映出他具有坚实的马克思历史唯物主义理论和当代产权前沿理论的基础，同时他的理论创新是深深根植于实践之中的，记载了一场改革试验的历程，是在实践基础上的提炼和升华。

这部论著的重要价值和创新还在于它包涵和体现了这样几个第一：在国有林区推行林权制度改革是一开先河的历史性创举，打破了国有林业产权虚置、体制僵化的“铁板”；伊春林区以其典型性成为全国唯一的国有林权制度改革试点单位，被誉为国有林区的“小岗村”；本书作者许兆君作为时任的伊春市市长，第一个向总理上书，提出伊春要承担国有林区国有林权改革试点的艰巨任务，他也因此成为在国有林业产权革命上敢于第一个“吃螃蟹”的人；本部论著是第一部以改革试点实践为依托，深入系统研究中国国有林权改革的博士论文；作者在实践中率先提出并坚持实行了国有林权制度改革应遵循的“五大原则”；在论著中第一个大胆提出了极富创新性、开拓性的林业价值分类经营理论，第一个设计提出了推行“远封近分、三林流转、大力发展民有林”的国有林权制度改革模式，第一次比较系统完整地提出了国有林权制度改革的支撑体系与架构，为国有林区体制性矛盾的有效破解提供了有力的实证分析与理论支持。

在实践上，让伊春林区尽快摆脱“资源依赖症”，走出“越穷越砍、越砍越穷”的怪圈，是许兆君一直思考的问题。为此，他倡导了“生态立市”，提出了“三个决不”，即：“再困难也决不向林子伸手，再困难也决不以拼资源换取暂时利益，再困难也决不以牺牲生态为代价换取经济增长”，并把森林及其衍生的大森林文化升华为伊春发展的“灵魂”，使昔日以木材生产为主导的国有林区开始走上了生态文明建设的轨道；同时，经过探索实践和理性思考，他找到了伊春林区以严管资源治标，以林权改革、经济转型治本的可持续发展的新方向和路径；对于长期困扰国有林区的体制性矛盾，他坚持用产权理论的“金钥匙”去打开枷锁，使困顿多年的国有林区在林权改革的实践中焕发了生机，看到了希望的曙光。

作为伊春国有林权制度改革试点的积极倡导者、组织者、探索者和实践者，由许兆君同志撰写出的这部专著，我想是很有发言权、很有说服力的，也相信他的这部心血力作，对于当前正在进行的伊春国有林权制度改革试点，必定会大有促进；对于致力研究国有林权制度改革相关理论的专家、学者，必定会大有裨益；对于稳步推进全国国有林区林权制度改革，必定会起到理论先行的指导作用。

王雅林

2008年8月于哈尔滨

目 录

第 1 章
绪　　论

1.1 问题的提出

森林是地球之肺，具有重要的生态价值、经济价值和社会价值。森林不仅源源不断地向人类提供木材产品和林副产品，更重要的是在维持全球生态平衡、调节气候、保持水土、减少洪涝灾害等方面发挥着不可替代的作用。森林如同阳光、水、空气一样，成为人类繁衍、进化、生存、发展进程中须臾不可或缺的生命绿洲。20 世纪 80 年代以后，保护森林成为国际社会高度关注的一个问题。1985 年联合国粮农组织制定了“热带林行动计划”。1992 年联合国环境与发展大会通过了“关于森林的原则声明”。保护森林，实现森林的可持续发展，已经成为全人类共同关注的重大课题。

我国是森林大国，森林面积 1.75 亿 hm^2，森林覆盖率 18.21%，森林蓄积 124.56 亿 m^3。其中，人工林面积 0.53 亿 hm^2，蓄积 15.05 亿 m^3，人工林面积居世界首位。从人均水平来看，我国同时也是森林小国，我国森林覆盖率仅相当于世界平均水平的 61.52%，居世界第 130 位；人均森林面积 0.132hm^2，不到世界平均水平的 1/4，居世界第 134 位；人均森林蓄积 9.421m^3，不到世界平均水平的 1/6，居世界第 122 位，我国林业面临着严峻的实现可持续发展的历史使命。

我国森林资源从所有制结构上来看主要分为三个部分：一是国有林，即国有国营的林业，主要分布在东北三省、内蒙古以及西南的四川、云南、西藏等省区；二是集体林，即集体所有制林业，主要分布在南方十省区；三是非公有制林业，即个体私营林业，散落分布在广大山区、农村以及城郊。

我国国有林在森林资源中占据主导地位。国有林的林地面积占全国森林面积的 42.16%，国有森林资源的蓄积约占全国森林蓄积的 69.56%。实现国有森林资源的可持续发展，对于国家的生态建设、经济发展和社会进步，具有重大意义。

然而，目前的严峻现实是，国有林区发展明显滞后。国有林区作为中国国有体制改革最后一块阵地，作为中国计划经济的最后一个堡垒，滞后于中国经济与社会发展的步伐。以具有典型特征的伊春为例。伊春是一个因林而生、因林而衰的典型的资源型城市，是一个具有 400 万 hm^2 林业施业区面积的重点国有林区。自 1948 年大规模开发建设 60 年来，共生产木材 2.4 亿多 m^3，累计上缴利税、育林基金等 59.2 亿元，相当于国家同期预算内投资的 4.3 倍，还有统配材差价 300 多亿元，为国家做出了巨大贡献。但由于长期过量采伐，森林蓄积量减少 55%，可采成过熟林木资源近于枯竭，生态环境严重恶化，林区经济日益困难，可持续发展能力大幅度下降。尽管实施天然林保护工程以后，在国家的政策支持下，通过全市上下的共同努力，艰苦奋斗，使森林资源和生态环境得到一定程度的恢复，林业和林区的经济结构得到了初步调整，经济形势出现好转，但资源性、结构性、体制性和社会性矛盾仍然十分突出。在四大矛盾中，其主要矛盾是体制性矛盾，主要表现为国有林产权制度的缺失与改革的滞后，造成责权利不统一。

党的十六届三中全会提出深化产权制度改革的战略决策。在林业振兴过程中，产权制度改革尤为重要。产权决定活力，产权决定前途。进行产权制度改革，投入最少，效果最好，解决问题最彻底。

目前，国内外学者对林业产权的研究已经做了一些有益的尝试。总的来说，西方产权理论对森林资源的国有化和集中统一控制持怀疑和批评态度。普遍认为，作为国家代理机构的政府部门并不受利润最大化激励机制驱动，计划并不根据收益状况来制定，因而不会追求从资源中创造最大价值，往往忽略资源发展的投资机会；大量的森林资源国有化常常超出政府实施有效管理的能力，导致资源配置效率低下。在国内，长期以来国有林区林权改革属于改革的禁区，学者在这方面的研究较少，研究更多地集中在林业集体所有制和股份合作制领域。在涉及产权问题的相关研究中，部分国内学者明确指出，中国的林业产权制度改革自始至终未能解决林业经营主体的产权残缺问题。一方面，在国有林区，由于林地及森林资源的剩余控制权与剩余索取权发生分离形成了产权残缺，同时经营主体的剩余控制权也是残缺的；另一方面，在集体林区，经营主体虽然在承包期内拥有林地及森林资源的剩余控制权和剩余索取权，但真正拥有剩余索取权的是集体组织，乡镇政府及村级组织在需要的时候随时有可能收回林地经营权。这些做法造成经营主体剩余索取权的不稳定或残缺。

我国国有林权制度是一个特殊的领域，也是一个缺乏研究的领域。本项研究正是以国内外林业产权研究成果为基础，结合国有林现存的投入机制僵化、效益激励滞后等一系列矛盾和问题，研究如何构建一个新型的国有林产权制度模式，从而使国有林的经济价值、生态价值、社会价值得到均衡的、共同的和可持续的发展。

1.2　研究的目的和意义

1.2.1　研究的目的

本研究以现代产权理论为基础，基于我国林业发展的现实状态，力图通过对现行的国有国营林权体制改革的研究，尝试建立有利于中国国有林可持续发展的新型林业产权制度。具体目标分解如下：

(1)研究如何实现林业价值的分类经营，进而为国有林找到适合其发展的真正主体。

(2)研究如何建立“远封近分、三林流转、大力发展民有林”的国有林产权新模式。

(3)研究如何建立多元投入机制，解决国有林发展投入不足的问题。

(4)研究如何建立利益激励机制，解决森林资源保护问题。

(5)研究如何建立产权流转机制，解决国有林区林业职工奔小康问题。

(6)研究如何建立国有林权制度改革的保障体系，确保国有林林权制度改革得以顺利推行。

1.2.2 研究的意义

1.2.2.1 本研究的理论意义

(1)在我国国有林这个特定的领域，研究现代产权理论体系的新发展以及林业产权改革的新途径和新方法，从而丰富现代产权理论。

(2)尝试性地探索在林业产权制度改革的框架下实现林业的生态安全、经济发展和林区职工致富有效结合的新模式，从而丰富和发展林业产权理论、生态经济学和可持续发展理论。

(3)积极探索国有林业资源如何实现保值与增值、培育与发展，从而丰富国有资产改革理论。

(4)积极尝试从林权制度改革的层面推动国有林区实现资源型地区经济的转型，从而丰富资源型城市经济转型理论。

1.2.2.2 本研究的现实意义

(1)通过产权制度改革，将森林的产权明晰化，将容易受到侵犯的森林、林木和林地使用权出让或转让给个人，给特定的投资者，从而增强经营者对森林资源的自觉保护意识和责任意识，从根本上杜绝盗伐破坏森林资源现象发生，实现对森林资源的有效保护。

(2)通过产权制度改革，把林业转变成为一个可以实现效益的投资载体，打破国有国营的单一机制，积极引入民营机制，大力发展民有林，敞开社会资金进入闸口，动员和吸引社会力量投入林业建设，通过建立多元投入机制，解决林区投入不足的问题，促进林业的快发展、大发展。

(3)通过产权制度改革，将林地、林木等资源通过流转的方式抵工资和欠款，将林业工人转变成投资者，使广大林业职工“家家有其山，户户有其林”，既扩大就业渠道，缓解社会就业和职工下岗再就业的压力，又大幅度增加林业职工收入，解决林业职工脱贫致富奔小康的问题。

1.3　国内外研究现状综述

1.3.1　现代制度变迁理论研究现状

制度变迁理论的基本分析框架是，分析不断变化的自然环境、技术水平、人口结构、产权、道德文化、意识形态等如何向人们提供获利机会，从而产生变革旧制度、创造新制度的动机，指出了获得更大收益或节约交易成本的途径，即人们进行制度创新应遵循的路径选择。现代制度变迁的主流理论主要指的是新制度学派对于产权和制度的研究。新制度经济学的代表人物有科斯、诺斯、威廉姆森、德姆赛茨等人。

1.3.1.1　交易费用学说

1937 年 11 月，科斯发表了经典论文《企业的性质》，从交易费用的角度，研究企业与市场两种制度尤其是它们彼此之间的替代选择，构成了交易费用学说(transaction-cost economics)。科斯将企业作为替代价格机制市场的“纵向一体化”的代名词。他认为“市场运行是有成本的，通过形成一个组织，并允许某个权威(如企业家)来支配资源，就能节约某些市场运行成本”。市场是价格机制起作用的一系列企业外部契约，而企业是生产要素所有者之间为达到合作目的而签订的一系列内部契约。在企业内部，“契约的本质在于它限定了企业家的权力范围，只有在限定的范围内，它才能指挥其他生产要素。”市场运行的成本为企业的引入提供了前提条件。“企业总是倾向于扩张，一直扩张到企业内部组织的额外交易成本等于公开市场上或在另一企业内完全相同交易的成本为止。”

科斯不仅突破了以价格与价值配置市场资源的主流经济学框架，而且揭示了一个与客观世界更为接近的关于企业与市场方面的全新领域，为新制度经济学奠定了最为核心的理论基石。

20世纪70年代后期至80年代，交易费用经济学取得了长足进展。威廉姆森是其中主要的推动者，他在《交易费用经济学：契约关系的规制》中"将不确定性、交换频率、投资的交易专用性程度作为描述交易的基本方面"，认为"经济活动的有效组织必然要求根据交易特性有区别地使用规制结构"，这些规制结构是：市场规则，针对古典缔约（企业外买卖式交易）活动；三方（即交易双方和法庭）规制，针对新古典缔约（企业内买卖式交易）活动；交易专用性规则，针对关系性缔约（有大量专用型投资的特质型交易与混合式交易），主要是不完全契约活动。更重要的是，企业务必对规制结构适时地做出"适应性修正"，因为，一方面人的行为动因是"意欲合理，但只能有限做到"，即有限理性；另一方面由激励不协调与不确定性因素结合形成的败德行为，以及人的"机会主义行为的天然性"。为了保证企业活动"在有限理性基础上达到最经济，同时保障在复杂交易中免受机会主义之害"，人们只能采取"可适性、连续性决策的模式，以作为对付不完善契约的手段"。

1.3.1.2 产权经济学

（1）科斯的产权内生变量雏形。新制度经济学接受个人效用最大化假定，但认为在信息等交易费用为正值的情况下，产权等制度规则对一个社会的资源配置与经济增长起着决定性作用，着力于产权、激励与经济行为的关系的研究，突出关注各种权利在经济交易中的作用，考察产权的动态重组与变迁。1960年科斯在发表《社会成本问题》一书中提出科斯定理，即产权及其变迁是影响经济效率尤其是企业效率的内生变量，而非新古典外生变量。科斯认为，生产要素并非传统理论认为的人们购买和使用的一件实物，而是人们进行各种实际经营活动所拥有的权利。新古典学说无法建立一个正确的关于外部性理论的最终原因在于对生产要素的错误定义，即生产要素的交易被定义为纯市场交易（康芒斯的买卖式交易）中的实体转移而非现实世界仅存的所有权（产权）的交易。科斯论证了权利的安排与界定对经济交易中的效率起着决定性作用。科斯在文中指出，“在无成本市场交易条件下……合法权利的初始界定将对经济制度如企业等（组织）的运行效率产生影响，一种权利调整后的安排将比其他安排产生更多的产值。”这一观点被其追随者发展成为“零交易费用条件下的科斯定理”，即：权利的调整与资源配置的效率无关，人们可以通过纯市场交易机制调整产权等权利，实现资源配置与交易的帕累托最优。然而，这一定理实际上是对新古典假设的一种否定。人们为了生存必然要进行市场交易，那就“有必要发现谁希望进行交易，有必要告诉他人交易的愿望与方式，有必要通过讨价还价的谈判缔结契约，还要监督契约条款的严格履行等。这些活动往往成本高昂，而其中任一活动的一定比率成本都足以使许多在无需成本的定价制度中可以进行的交易化为泡影”。这一立论被后来的学者发展成为“正交易费用条件下的科斯定理”，即产权等权利安排的重组取决于人们对交易费用的比较，人们通常选择交易费用最小的产权制度进行各种交易活动，实现资源配置与交易的帕累托最优。这成为了新制度经济学理论的核心。

（2）德姆赛茨等人对产权内生变量的完善。阿尔钦、德姆赛茨以及张五常等人的研究大大推进了产权内生变量的升华。他们的研究成果为产权经济学构筑了严密的分析框架。阿尔钦等人认为，“产权是一个社会选择并使用一种经济品的权利。”产权界定人们行为的规则，这种规则使人们形成交易预期。张五常认为，产权的基本内容应当包括行动团体对资源的使用权、转让权以及收入的享用权；产权的权能是否完整，关键应从所有者对它具有的排他性与可转让性来衡量；如果产权所有者同时拥有排他的使用权、自由的转让权以及收入的独享权，就可认定他拥有的是完整产权；这三种权能的任一方面受到限制或禁止，则称为残缺产权。德姆赛茨将收入的享用权与使用权合并一起称为“独占权”，并将独占权与转让权两种权能同时拥有的产权视为完整产权。从以上两种权能的角度出发，德姆赛茨依据行动团体的不同，将产权区分为公有产权与“完整的”私有产权以及夹在两个极端之间的一个巨大的中间地带，即准公有或准私有产权。完整的私有产权“由私人来决定独占或转让”；公有产权“是凭借对资源的实际使用来获得独占权，再通过政治程序来决定转让权问题”。与公有产权相比，完整的私有产权更加强调意愿与能力，所提供的分配制度更具有吸引力。德姆赛茨认为，在人类所处的现实世界，资源稀缺为普遍现象，在此条件下，公有产权对生产力的阻力会越来越大，实现制度功效(效率)提升的唯一途径是实现私有产权制度变迁，由此才能激发人们的积极行为，隐匿消极行为，推动企业核心竞争力乃至整个社会的生产力发展。

1.3.1.3 我国学者制度变迁研究概况

我国经济改革的实践为制度变迁理论研究提供了丰富的素材和试验场所，由此产生了许多关于制度经济学的理论及实证研究。经过多年的探讨，中国制度经济学理论已经从对改革对策、目标模式的研究转为对制度变迁过程的研究。20 世纪 80 年代末期，学者们转向注重对改革成本、利益冲突的研究，樊刚、盛洪和张军等人的研究成果提供了这一方面的深刻见解。90 年代中国制度经济学研究有了新的突破，有关制度变迁的研究明显增多，林毅夫、张维迎、张曙光等人都有一批有影响的著作。我国学者的研究起初只是简单模仿式研究，而现在则开始了在制度变迁理论和实证方面的自我探索和自主创新的研究进程。

(1)林毅夫等人在结合新制度经济学与发展经济学的基础上，考察了中国十几年的改革发展史，提出了一系列有广泛影响的理论命题。他将经济制度变迁与技术变迁两个过程结合起来考察，力图将中国的改革与发展两大现实问题研究融合进一个统一的框架之中，并以此为出发点，探讨中国经济体制的形成路径、经济改革、国有企业改革相关难题的攻克等方面的问题及对策。

(2)张维迎在深入了解我国经济改革实践的基础上，更加关注产权、政府与信誉三者之间的关联问题，认为产权是信誉的基础，产权制度的基本功能是给人们提供一个追求长期利益的稳定预期和重复博弈的规则。由政府颁布的法律，其首要任务是对个人产权给予有效保护，促使人们积极的建立信誉机制。一旦个人产权得不到有效保护，人们便会选择一次性博弈而非重复性博弈，信誉机制也就建立不起来。在这样的社会，交易成本上升，法律本身也因负荷过重而得不到有效执行。所谓“尊重产权也就是尊重人们的自由签约权。有了自由签约权，人们就会更讲信誉，合约就更容易得到自觉执行。”至于政府，则应当注意三个方面的问题：其一，加强法制建设，取消那些限制自由签约权的条款，强化私有产权规则，使得有恒产者有恒心，从而建立信誉制度；其二，保持政策的连续性和稳定性，防范对私有产权规则的人为破坏，使人们形成稳定的预期，强化信誉基础，促进法律制度高效运行；其三，规范政府行为，尽量削减政府管制市场交易的权力，降低我国的政治权力平台，以市场机制配置资源，使人们乐于在诚信基础上进行市场交易，降低社会的交易成本，以良性竞争促进社会和经济的稳定与发展。

(3)张曙光、盛洪等人主要从事中国改革过程中的制度变迁案例研究。他们以效率为核心，以个人契约过程分析来观察评价中国从计划经济向市场制度转轨的过程，总共完成20多个案例研究。在以新制度经济学理论为基本研究框架的基础上，体现了主流经济学的基本价值观和方法论倾向。同时，他们注意到中国制度变迁过程中的本土化特征，对中国转轨过程中出现的各种“过渡性制度安排”的二重性、易变性着力进行刻画，力求使中国制度经济学研究在“融入主流”的同时，做出“发展主流”的努力。

(4)樊刚考察了非正式制度安排——中华文化传统在经济发展中的意义和局限。他认为华人文化不太重视理性化的正式制度安排，比较注重人际关系等非正式制度安排，因此华人企业多为家族式企业。正是中国文化传统的这种特征(“重内容不重形式”、“重视非正式关系而不重视正式制度”)使中国的渐进式制度改革取得了相对成功，但他认为华人经济如果要进一步的长期发展，尚需注意依靠“法治精神”来实现自我完善。樊刚的分析表明文化传统等意识形态范畴对制度变迁的路径有重大影响，但这方面研究在国内外均薄弱。此外，王询、储小平等人也注意到文化传统对经济组织形式变迁的影响。他们认为，东亚国家由于在文化传统方面的特征使企业与市场之间的界限较为模糊，使企业与市场之间的空间增大，更容易发展出各种中间形式，而这种中间形式在中国的特殊背景下往往成为节省交易费用的组织形式。另外，由于制度环境不完善，中国的家族式组织和交易的人际关系模式可能又是行之有效的组织模式。

(5)林岗、吴宣恭、刘元春、张宇、黄少安等人主要从马克思主义制度经济理论出发，对西方新旧制度理论进行了较为深入的研究，更主要的是针对新制度理论进行了全方位的批驳。但他们针对改革开放中的制度变迁实践并未提出很多具有指导性且可操作性的对策建议。

1.3.2 国有资产管理体制研究现状

1.3.2.1 国有资产管理体制存在问题的研究

国内学者对国有资产管理体制存在的主要问题作了比较深入的研究，取得了一些积极的成果。李保民、张文魁认为，国有资产管理体制的主要问题是国有产权关系没有理顺，产权制度改革滞后，国有资产出资人缺位、空位。管理国有资产的政府各部门只有权力，没有责任、风险，更没有人或机构对国有资产真正负责。魏杰认为，中国现有国有资产管理体制的首要弊端是缺乏充分独立的国有资产管理专职机构。陈清泰认为，目前的国有资产管理体制弊端，是由多个部门分兵把口分别行使国家所有权的“五龙治水”造成的。陈景艳、刘国良认为，国有资产管理体制主要弊端有管理方式上政企不分，直接干预过多，国有企业组织体制不完善，国有资产管理法制不健全，政府公共预算和国有资产经营预算不分。

1.3.2.2 关于国有股权目标的研究

关于国有股权的目标基本上有两种观点：

第一种观点是资本回报最大化。政府有许多政治和社会目标，但在行使国有股股权时，应专注于资本回报的最大化。以国有资本回报最大化作为国家所有者的唯一目标，国有企业才会成为适应融入世界市场的现代市场经济要求的商业化经营实体。因此，全国人大和国务院给国资委的目标就是实现国有资产的价值最大化，而不用管其他社会问题、就业问题、党的政策的贯彻等。

第二种观点是国有资本的有效使用。周放生认为，国有资产的保值增值只是国有资本有效使用的一个方面，毕竟国有资本不同于私人资本，应该还有别的作用和职能，尤其是要在政治职能和社会责任方面发挥积极作用。国务院发展研究中心企业研究所副所长张文魁也认为，国有股权追求经济目标并不意味着国有企业应置社会目标不顾。当然，政府最好通过提供适当补偿的方式推动国有企业实施社会目标，以尽量减少对国有企业实现商业化运作的损害。

1.3.2.3 国有资产营运主体选择的研究

一个基本的共识是国资委不可能直接管理众多的企业，有必要形成国有资本所有权行使机构、国有资产营运主体（国有资产经营公司）、直接经营的企业“三个层次”体系。但对有些大型国有企业，国有资本所有权行使机构也可以直接持股，行使所有权，即实行“两层次”体系。国有资产经营公司对国有资产管理机构来说是资本经营者，对企业而言是国有股权代表。国有资产经营公司既无行政权又无行业管理权，按《公司法》规定，它有权控股、参股企业，行使出资人权利。国有资产营运主体主要是从有条件的大型企业集团公司中进行选择，可以是国有控股公司、投资公司、集团总公司、资产经营公司及金融资产管理公司等，也可根据需要进行新组建。国有资产营运主体按照投资份额依法对全资、控股及参股企业行使出资人职责，对所投资企业承担国有资产保值增值的责任，享有资本收益、重大决策和选聘经营管理者等权利，但不介入企业的日常经营。

1.3.2.4 国有资产在中央与地方国有资产管理机构之间划分问题的研究

这个问题是实行分级出资人中最棘手和最难解决的问题。张军扩认为，对此，至少需要考虑三个方面的因素：第一，关系国民经济命脉和国家安全的大型国有企业、基础设施和重要自然资源等，由中央政府代表国家履行出资人职责，其他国有资产由地方政府代表国家履行出资人职责。但困难在于如何正确界定什么是关系国民经济命脉和国家安全的企业。第二，地区之间的利益平衡问题。国有资产在各地区之间的分布格局很不平衡。如果简单按照现在谁管理谁就享有所有者权益，显然有失公允。不仅不利于缩小地区差距，而且会造成社会不稳定。就现实看，平衡地区间利益关系有两种途径，一是通过对存量的调整求得大体平衡，二是通过增量调整进行平衡。但究竟如何调整，如何保障地区之间在国有资产分布上的大体公平，是一个很难解决的问题。绝对的公平不可能，但大体的调整和平衡还是必要的。第三，投资关系。在资产划分过程中，完全不考虑投资关系，显然不符合市场原则。但问题是现有的国有资产分布格局经历史上多次上收和下放的过程，十分复杂，要想说清投资来源也不是一件容易的事情。这三个主要因素，哪一个真正说清楚都不容易。

陈清泰也认为，要将现有国有资产在中央与地方、地方与地方之间重新划分清楚是非常困难的。因此，现在的企业国有资产哪些属于中央、哪些属于地方，不要想得过于复杂，哪些资产属于谁，企业向中央还是向地方缴纳所得税就是一个证据。各级政府出资人机构所管资产的范围就是按现有格局，极个别的可做些调整，这样就不会出现全国上下重新瓜分国有资产的情况。

1.3.2.5 国内国有资产管理模式的研究

自国有资产管理体制改革以来，国内在理论上和实践上，已形成很多制度创新和模式探索。在理论上提出了若干不同的政策思路，其中较具代表性的主要有以下几种：

第一种是“层级持股模式”。国务院发展研究中心企业研究所《国有资产管理体制研究》课题组主张建立三层级的国有资产管理体制。第一层级是代行所有者权利的专职机构，其主要职责是贯彻执行国有资产管理方面的法律法规，制定具有导向性的政策，确定其下一层级的经营目标并对其制定完善的考核和惩罚制度，依法监督并确定国有资产经营公司的领导人选等。第二层级是国有资产经营公司，其职能是完成与第一层级的专职机构签订的各项契约。第三层级是国有资产的具体经营和参与单位，主要是国有企业，国有资产经营公司对于国有企业的经营通过资产纽带进行。三个层级逐级负责，同时彼此之间又具有明确的权责划分，完成国有资产管理的目标。

第一种模式的优点在于首先是所有权关系清晰；其次变行政隶属为股权关系，这在某种程度上解决了政资不分、行政干预过多等问题；最后是克服了政府分散管理大量企业而存在的信息不对称问题，从而提高监管效率。

第二种模式是将现有大型企业集团改组为控股公司。由郑海航和邵宁主持，由国家经贸委、国家计委、国家体改委、中国社科院部分专家参加的《大型企业集团成为国家授权投资的机构实施研究》课题组提出，由大型集团公司成为国家授权投资机构并充当国有资产出资人代表，国家通过对这些大型国有企业集团授权，使之成为出资人代表，拥有国有资产经营权，由企业集团负责集团核心企业及成员企业国有资产的经营。所谓授权经营，其核心内容就是国家作为股东对经营者大幅度下放权力，在经营决策上，国家作为股东一般不干预企业的生产经营决策，只有企业经营出现明显问题的时候，国家才通过更换经营者等途径进行干预或介入。这一模式的特点在于可以充分利用大型国有企业集团这一现成的组织机构，其成员企业之间具有一定的经济技术联系，易于操作，而且授权经营是一种以企业内部约束为主、外部监督为辅的治理机制，可以减少监督成本。

在实践中，比较有代表性的有三种：

(1)上海模式。其特点是：形成了国有资产管理委员会——资产运营机构——企业的三级机构体系；处于核心位置的授权经营公司形成了保证“政企分开”的“隔离带”，大大增强了国有资本对社会资本的调控能力；打破了专业局的行业垄断，对国有资产进行了跨行业的整合和重组。

(2)深圳模式。其特点是：构建了“国资委——国资经营公司——国企”三层次模式；国有资产经营公司的构建是核心环节。它由国资委授权，对相应国有资产享有资产收益、重大决策、选择经营者权利，但没有任何行政管理职能，一般不直接从事生产经营活动。

(3)武汉模式。特点是：实行二级管理模式，实现“二个职能”公开。政府作为它社会管理者的职能，政府对国企的行政管理职能和出资的运营职能分别与作为国有资产所有者的职能、国有资产的运作职能、企业具体的生产经营职能分开。

1.3.2.6 国外国有资产管理模式的研究

世界各国对经营性国有资产的管理模式因国情不同，存在着许多差异。大致说来，主要有以下几种典型的管理模式：

(1)以控股机构为中心的管理模式。其基本特点是，政府主管部门通过设置大型控股公司来实现对国有资产的管理。在大型控股公司之下一般还设有专业控股公司，具体管理和经营所属企业，这样就形成了一个控股公司体系。意大利是实行这种管理模式的代表。

(2)以财政部为核心的管理模式。其基本特点是，由财政部作为国有资产的所有者代表，对各行各业的国有企业进行统一管理和监督。德国是以财政部为核心的管理模式的代表，类似的还有英、法、美、日等国。

(3)以综合协调机构为中心的多部门管理模式。其基本特点是，政府设置了一个具有咨询、服务和监督性质的国有资产管理职能机构。该机构并不独立行使国家所有者职能，只是一个为政府各部门更好地行使所有者管理职能提供服务的综合协调机构。国有企业的主管部门，具体负责所属国有企业的管理和运营。印度是这种管理模式的代表。

1.3.3 林业产权问题研究现状

1.3.3.1 国外林业产权问题研究

国外林业产权研究更多地集中在对森林资源所有制的研究及评价上。所有制是要解决森林资源产权的主体问题，回答谁将拥有对森林资源的实际控制能力。讨论所有制问题的目的在于研究不同所有制形式的利弊，寻求最佳的制度安排。各国对所有制形式的划分不尽相同，一般地讲，可分为国家产权、共同产权、私人产权三种形式。

第一，在国家产权形式下，国家掌握着对森林资源的控制权利，诸如国有森林、国家公园等。国家可以通过政府代理机构直接管理森林，也可以以租赁形式授予个人、企业或社团以收益权，资产收益在所有者和使用者之间分享。

第二，私人产权包括个人产权及私人公司所有的产权。在许多西方国家，私人产权在法律及社会上得到承认，并受到保护。完全的私人产权拥有对土地或森林全部属性的永久控制权，排除他人使用，其产权具有可分性和自由转让的特征。

第三，共同产权在本质上是一个团体的私有权，它将团体以外的人排除在资源使用决策之外，共同产权是团体内部成员的共同财产。在共同产权形式下，个人拥有共同产权中的一部分资源的使用权，但不能由个人决定所有关系的转移或转让给他人使用，其管理控制权通常授予团体成员的代表小组或团体领导。

西方学者们在总体上对私人产权持肯定和鼓励的态度。根据完全竞争理论，私人产权是社会福利最大化的必要和充分条件。由于生产要素的私人所有，所有者不受任何干扰和限制，他可以任意处置其资产，受利益机制驱动，所有者总是将资源用于最高、最有价值的用途，从而对社会利益做出最大贡献。但也有个别人对林业这个特定领域的私人产权安排的效率产生异议。Bromley 专门撰文指出，在私人产权形式下，存在着能否保障足够的公共物品和无价格产品供应问题；此外，林业投资的长期性对私人投资也缺乏足够的吸引力，私人在造林、护林方面的积极性不足，存在利用过度和投资不足倾向。

专家们对共同产权制度也褒贬不一。共同产权悲剧理论、乡村林地谬误理论认为，集体劳动有着致命的缺陷，由于缺乏有效的监督与绩效衡量，在共同产权安排下的成员有偷闲、搭便车的倾向。同时，在这种产权形式下的森林不可避免地会退化，会遭到破坏。解决的办法是向私人产权形式转移。但赞成共同产权安排的学者认为，共同产权可将资源作为一个整体来经营，以消除为数众多的个人经营战略带来的不利影响；可形成集体力量与外界对抗，排除团体以外他人的干扰等。

与完全的私人产权形式相反的另一个极端是完全的国家产权，由国家所有、控制和管理森林。由于环境保护压力与日俱增，便产生了由社会整体控制资源的要求。国外森林国有化的主张主要基于以下考虑：公共物品及无价格产品供应问题、规模控制问题以及对森林的保护问题，认为地方社团或个人都不会在森林保护方面给予足够投资。

总的来说，西方产权理论对森林资源的国有化和集中统一控制多持怀疑和批评态度。普遍认为，作为国家代理机构的政府部门并不受利润最大化激励机制驱动，计划并不根据收益状况来制定，因而不会追求从资源中创造最大价值，往往忽略资源发展的投资机会；大量的森林资源国有化常常超出政府实施有效管理的能力，导致资源配置效率低下。

现实中并不存在一种能尽善尽美地解决所有问题的产权制度安排，那种认为只有某种产权制度是最理想状态的看法正在被抛弃。Peter 认为，现实只能是包括一切产权形式的共存或混合状态。

目前，各国实行森林资源多种所有制，而且林权稳定，私有林所占比重大多在50%以上。例如，美国国有林占34%，公有林占6%，私有林占60%。德国国有林占30%，公有林占24%，私有林占46%。日本国有林占32%，公有林占10%，私有林占58%。法国国有林占12%，公有林占19%，私有林占69%。

这些国家都明确规定保护私有林林主利益。如德国规定，国家建设占用私有林，从国有林划给林分质量相近的同等面积的国有林，或作价补偿。日本为鼓励私人造林，其造林、育林费用由国家补助70%，地方政府补助20%，森林法明确规定法律保障法定的私有林木所有权不受侵犯。其他国家也都对类似情况有相同或相似的规定。

随着实践的不断深入，人们日益认识到所有权的稳定与转换是影响森林资源有效保护与可持续发展的一个关键性内在因素。20 世纪 80 年代以来，一些主要林业国家开始重新考虑改革森林所有权政策。Andy White 等对占世界森林总面积 93% 的主要林业国家的森林所有权进行了回顾后指出：越来越多的迹象表明，森林的管理和保护是与权属安全和获取森林经济潜力的收益权紧密相连的，政府今后将逐步把经营公有林的责任和权利下放给当地社区。

联合国粮农组织最新的《世界森林状况(2003)》对森林公共管理的

权利下放问题进行了专门阐述。截止到目前的情况来看，一些有成效的努力已经加强了当地的参与，提高了当地分享森林收入的比例，从而促使更好地提供森林产品与服务以及提高森林的可持续性。然而，也带来了一些风险与新的问题：①部分地方政府缺乏责任心以及机构能力不足可能导致滥用职权；②财政资源的紧迫需求可能加快毁林的速度；③外部性成本可能落在某个特定区域或社区群体上，而不是落在作为整体的社会上；④新法律可能阻碍资源管理的习惯做法和当地模式；⑤决策可能没有有效地传达到地方层面；⑥有些群体特别是弱势群体的利益可能没有得到充分考虑。

1.3.3.2　国内林业产权问题研究

(1)关于国有林权的研究。国有林产权制度存在的主要问题：①对国有森林资源所有权归属的界定缺乏激励机制。近年来，国有森林资源屡遭乱砍滥伐和盗采盗伐，屡禁不止，且有愈演愈烈之势，显示出森林资源的国家所有权并未得到有效的保护。国有资源的困境，归根到底是资源界定缺乏激励机制的问题。②国有林所有权主体不明确。虽然《中华人民共和国森林法》第一章总则中第三条明确规定："森林资源属于国家所有，由法律规定属于集体所有的除外。"然而，国家毕竟是一个抽象的概念，森林资源属于国家所有，而究竟谁又代表国家呢？是国务院？地方政府？他们之间到底有哪些权利责任和义务？目前，我国森林资源的实际控制权被各地方和部门条块分割，国家的整体权益得不到维护；另一方面，缺乏收益激励的地方和部门，或怠于保护，或变管理为占有，导致森林资源的流失与滥用。"权能配置不当与利益冲突，严重影响着国家对森林资源所有权的行使效率，造成对森林资源的破坏"。③未建立起有效的国有林产权交易市场。一方面，由于国有林产权主体的不明确，造成产权交易的动力不足；另一方面，国有林产权界限不清，就难以塑造产权交易市场的交易主体。

(2)关于林业集体所有制的研究。在我国南方，集体林业占有主导地位。从本质上说，集体林业同集体经济一样，是由林农集体拥有对林地、林木资产的占有、支配、处置权和对林业生产全过程具有经营的自主权，并在依法纳税的前提下拥有经营活动的直接受益权，这是集体林业区别于国有林业的法律和经济属性。同国有林业相比，集体林业的产权更为明晰，经营主动权也相应较大，在管理上受到政府的干预更少。但是，由于林业所处的特殊的自然和社会经济环境，我国南方的集体林业的产权制度也存在着严重的缺陷。福建林学院张春霞对此进行了较深入地研究，她认为，集体林业的所有权主体模糊，权能不清；经营主体缺位，权利受限；集体林业产权的各权能主体之间缺乏制度的联系和机制的约束。由于这些缺陷，林业的所有者、代理人及经营者对林业财产运营和林业发展的积极性受到较大的冲击。这种低效率的产权制度正是集体林业发展与改革滞后的深层次原因，也是乡村林业乱砍滥伐之风屡禁不止的深层次原因。

(3)关于林业股份合作制的研究。林业股份合作制出现于20世纪80年代初，是南方林业产权制度的一次大胆的尝试。林业股份合作制满足了规模经营的要求，调动了各有关方面的积极性，实现了生产要素的优化配置，克服了国有和集体林业经济的体制单一、效率低下的弊端，对我国林业的发展注入了一股清新的空气。但由于这种股份合作制先天营养不良，加上后天的规划具有明显的人为因素和行政干预色彩，这种合作制自身也存在诸多问题。据曹遗生等人的研究，当时的股份合作制是属于行政区域性的封闭的股份合作经济组织，以行政区域为界，要素流动滞缓甚至不流动，严重制约了资产的变现与升值；其产生的过程不是经济发展的合理结果，而是行政命令与意愿的产物，缺乏群众的主动参与，缺乏经济要素的积极介入；各当事人的所拥有的原始股份更多地属于无偿分配，因而缺乏对利润与效益的强烈冲动。他们认为，突破这种困境的唯一出路就是进行林业产权重组，并在重组过程中强化各要素的流动性。

1.3.4 国内外研究文献述评

1.3.4.1 对本项研究的借鉴

(1)科斯和威廉姆森对交易费用的研究，为林业产权制度变迁的研究提供了直接支持，提供了林业产权体制改革的基本理论视角。产权与利益相连，直接决定着投资主体和经营主体的经济行为。目前国有林的产权结构是一种近乎纯粹的公有产权，从经济价值角度界定国有林，这种产权结构很难激发出相关主体的积极行为，推动林业资产的保值增值，相应的林区经济和政治也很难得到稳定和发展。国内学者的制度变迁研究更加贴近中国实际，不仅给我们的理论研究提供借鉴而且直接启发实际的制度创新设计。在没有建立科学合理的产权制度设计的时候，对原有体制的尝试性改革经常会发生国家、地方、企业和个人的利益冲突，此时有效的产权、政府和信誉关系没有形成，政府就会侵犯企业和个人的利益，造成改革的实际流产。国内学者对此问题的既有成果为本研究提供了支持。

(2)国有森林资源作为战略性国有资产，其管理体制长期以来没有改变，对国有资产管理体制问题的研究同样适用于我国林业管理体制存在问题的界定，如地方行政部门与林业管理局各自为政，林业资产的管人和管事相脱节，产权单一，管理者绩效较低等。在改革的目标上，政府同样需要在林业改革中实现经济目标、政治目标和社会目标的和谐与统一。由于中国林业开始由木材生产为主的传统林业向以生态建设为主的现代林业进行战略转移，强烈冲击着国有林区传统的经营体制、经营方式，林权改革作为实现以生态建设为主体的林业建设战略目标的实现手段，成为当前解决上述矛盾的重要切入点。

(3)对国有林如何突破封闭、单一的产权机制，形成市场调节为主、多元主体并存的新型产权制度提供了积极的借鉴。国有林应根据林业自身不同的自然特性与经济潜力，设计不同的产权制度，发挥公有产权侧重生态价值、私有产权侧重经济价值的互促互进的良性循环，最终推动国有林区的可持续发展。从现有研究中可以看出，林业经济开始出现多种所有制成分并存，经营形式也日趋多样化，这将对本研究进行制度设计提供直接借鉴。在国有林的产权制度改革过程中，只要有利于提高生态价值、经济价值和社会价值，完全可以采取灵活多样的经营形式，个体经营(个体工商业主投身林业、独资经营)、家庭经营(兼营户、专业户、重点户以及经营家庭林场)、农户联合经营、股份制合作经营以及外商投资经营等都是可以借鉴的。

1.3.4.2 既有研究的局限之处

(1)国外的制度变迁研究多是建立在西方经济现实解释基础上的,明确的私权是绝大部分理论的研究前提,较少涉及公权到私权的转变,而中国这样由计划经济向市场经济的大规模经济转型是首次出现在世界经济史上,在这种条件下,如何解释中国的经济转型和各种经济现象尚无有效的选择。国有林产权体制的制度创新究竟理论上应该怎样解释,经济实际中应该怎样操作,国外的制度变迁研究对此并没有直接的研究,本研究即是集中于此试图有所突破。

(2)绝大部分对国有资产管理体制的研究,都很少关注林业;相应的,林业所具有资产属性的特殊性、承担功能的演变等都没有在国有资产管理体制的改革目标、阶段和认识上得到体现。这种理论上的迟滞,直接导致了林业改革滞后,资产缩水,功能错位。对运营主体的研究中,缺乏对林业所具有的社会和生态功能运营的相应体现。以往管理层级的划分也只是对于伐木等简单经济价值的分割为准则,而对于中央、地方和本地居民如何在林业的生态价值、经济价值和社会价值的成本收益和功能承担上缺乏研究,导致生态环境恶化、林业可持续发展能力下降等问题,对此的探索性研究是本研究的努力方向之一。

(3)对非公有制林业在可持续发展中的地位、作用,或者是非公有制林业对整个林业产业及生态建设的作用和影响,研究得不够深入。

1.4 研究内容

本项研究综合运用国有资产管理理论、现代产权理论、生态经济学与可持续发展理论的最新研究成果,结合当前国有林区经济与社会发展的现状,以国有林的产权制度改革为主要研究对象,以构建市场调节为主、多元产权主体并存的国有林新型产权制度为主要目标,扬弃旧体制,建立新制度,推动国有林生态价值、经济价值和社会价值的有效结合，实现国有林的科学发展。

(1)研究林业价值分类经营的理论。本研究尝试建立一个新型的林业价值理论体系——林业价值分类经营理论。强调要将林业的经济价值、生态价值和社会价值作为经营对象，确定正确的价值经营主体，把握价值经营规律，以价值的增值为经营目标。强调林业要实行价值主体的分置，把生态价值交给国家和社会，把经济价值交给个人和企业。国家最终减少对经济价值的追求，而始终致力于生态经营，不再为这片林子归谁而争论不休，而是不求所有，但求所在，把生态价值的发展与扩大视为自己的最高目标。这将是实现国家现代林业经营战略的重大转变，是国有林区发展思路方面的一大创新。

(2)研究国有林权制度改革基本模式。坚持分类经营理念和远封近分原则，在不改变林地用途和所有权，不削弱森林、林地现有生态功能，总体上保持森林国有主体不变的基础上，适度引入民营机制和民间资本，对国家无力造林和不好管、管不好的林地的使用权及森林、林木所有权、经营权实行有偿流转，大力发展民有林，通过林地、林木资源经营的民有化，激活民间资本，激发群众育林护林的积极性，促进林业建设投入的多元化、社会化，推动森林资源与生态环境的加快恢复和林区经济的加快发展。

(3)研究国有林权制度改革的制度保障。重点分析和研究政府保障、社会保障和法律保障，以求政府、社会保障体系和法律制度适应林业产权制度改革的要求，为林业产权制度改革的有效进行提供保障和支持。

1.5 研究方法与技术路线

1.5.1 研究方法

(1)社会实验法。本研究针对伊春国有林区的林权制度改革试点模式与国有林的可持续发展之间的关系进行实验研究。以伊春林区的脱困、转型与发展作为案例，注重对国有林的发展实践进行反思、分析、总结，推动现实问题的解决，在此基础上形成新的理论体系，进而对我国国有林业改革的实践给予指导。

伊春国有林权制度改革是一个长期探索过程。伊春市自20世纪80年代就开始探索国有林权改革的问题，但由于种种原因，始终未能突破。2003年6月，《中共中央关于加快林业发展的决定》出台后，伊春市新一届市委、市政府紧紧抓住这一契机，对林权制度改革做了进一步的系统研究，并采取了两条腿走路的办法：一方面，积极进行这项改革的基础准备工作，反复论证，数易其稿，制定了《伊春市森林资源产权制度改革试点工作方案》和《实施细则》，明确了工作方式、方法，明晰了责权利关系，制定了优惠政策，确定了流转范围和工作目标，并进行了科学的经济效益测算，率先在桃山林业局进行了模拟流转试点，职工群众积极性空前高涨；另一方面，不断加大对上争取力度。2006年4月29日，按照中央部署，伊春市在乌马河林业局乌马河经营所举行了中国国有林权改革第一次拍卖会，许兆君市长与林业职工签订了第一份国有林承包合同。国有林权改革试点正式启动，国有林业改革的序幕正式拉开。温家宝总理指出："伊春国有林区林权制度改革试点是国有林区改革迈出的关键一步，对深化林业体制改革，促进林业可持续发展具有重大意义！"本研究结合伊春国有林权制度改革试点，通过实践和理论的碰撞与切合，既丰富和发展了国有林权改革理论，又指导推动了国有林权改革的实践。

(2)制度分析方法。制度是决定性的因素。本研究从制度的角度分析国有林业衰落的原因，指出制度的缺陷是导致国有林业渐趋衰落的根本性原因。

(3)成本效益评价方法。成本与效益是改革不可回避的考量因素。本研究从成本效益的角度研究国有林权改革的可能性与必然性，力求在控制改革成本的基础上实现改革效益的最大化。

1.5.2 技术路线

本研究技术路线如图1-1所示。

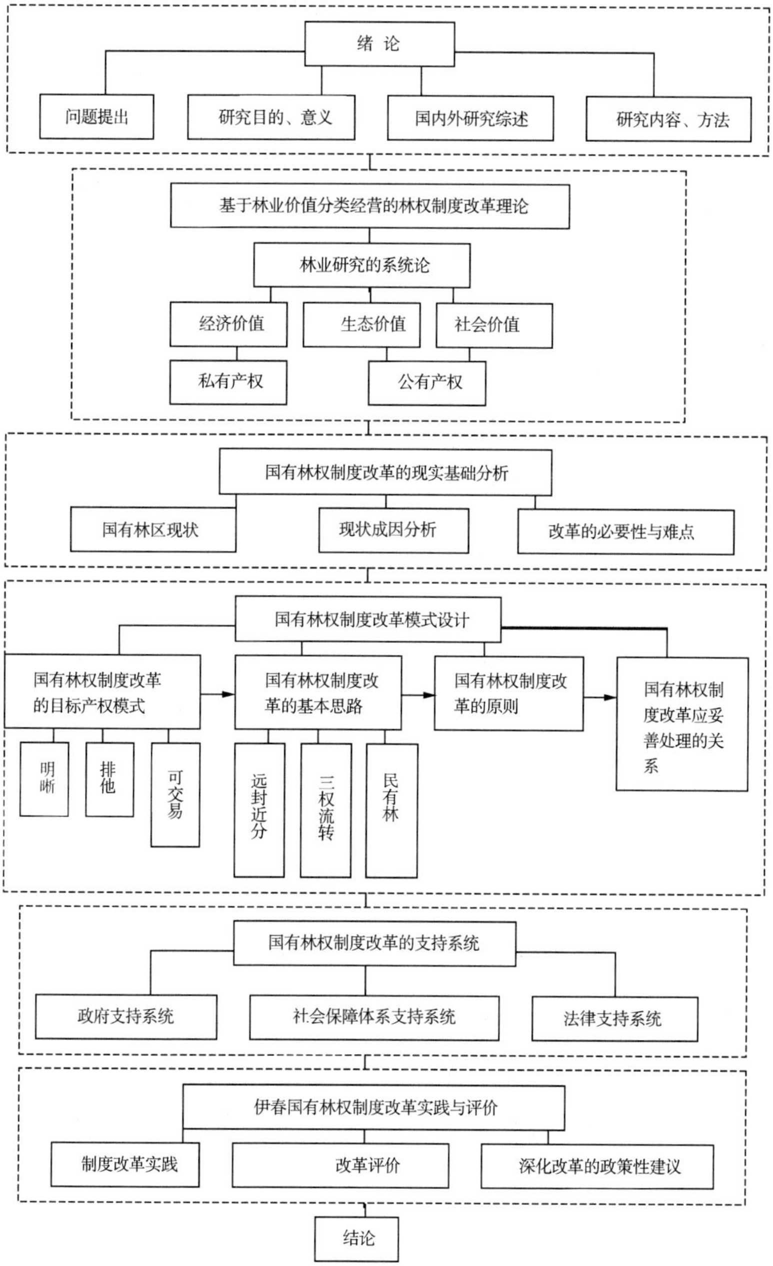
绪 论
问题提出
研究目的、意义
国内外研究综述
研究内容、方法
基于林业价值分类经营的林权制度改革理论
林业研究的系统论
经济价值
生态价值
社会价值
私有产权
公有产权
国有林权制度改革的现实基础分析
国有林区现状
现状成因分析
改革的必要性与难点
国有林权制度改革模式设计
国有林权制度改革的目标产权模式
国有林权制度改革的基本思路
国有林权制度改革的原则
国有林权制度改革应妥善处理的关系
明晰
排他
可交易
远封近分
三权流转
民有林
国有林权制度改革的支持系统
政府支持系统
社会保障体系支持系统
法律支持系统
伊春国有林权制度改革实践与评价
制度改革实践
改革评价
深化改革的政策性建议
结论

图 1-1 技术路线

第 2 章
基于林业价值分类经营的林权制度改革理论

国有林权制度改革是国有林实现振兴的必由之路。改革的根本目标是林业价值的全面提升，改革的基本方式是产权制度的更迭与创新，产权与价值的互动构成了国有林权制度改革的发展路径与发展方向。

2.1 林业研究的系统论

全面、正确地研究林业价值，必须建立在科学的方法论基础上。过去对林业价值单一、线性的思维方式（即把林业价值单一地定位在经济价值上）在发展过程中暴露了其严重弊端。为了能够对林业的价值进行准确的定位，解决现存的林业问题，必须首先解决方法论的问题。在探寻的过程中，复杂适应性系统方法论被应用到了林业研究中，这对于林业价值的研究来说尤其具有重要意义。

2.1.1 林业复杂适应性系统的内涵

周光召院士对复杂适应性系统曾这样解释："许多复杂系统在特定的外部条件下，会通过自组织形成具有特定时空结构的有序状态。这种有序状态在环境的影响下能自组织、自学习和自适应，不断演化其形态而生存、繁衍和发展，当适应能力赶不上环境变化时，就会衰亡下去，我们称这种系统为复杂适应性系统。"这一理论对于深入研究作为复杂适应性系统的林业来说，具有重大的意义。

基于复杂适应性系统的概念，本研究将林业系统定义为：源于林业的多种价值、物种之间形成的价值与价值、物种与物种、人与自然、社会之间的相互制约，彼此联系的要素构成的复杂整体。这一复合体的良性运转在于人、社会与自然的互动过程中需要人的协调管理。林业复杂适应性系统的定位打破了过去的林业价值唯经济论的弊端，为深入研究林业打开了一扇门。这一系统内的各个组成部分相互依赖，形成的系统整体具有这样的特点：价值多维性、系统复杂性。说它价值多维，是因为林业除了可以带来巨大的经济价值外，还与生俱来的能够产生社会和生态价值，尽管后两种价值被提出并重视的时间不长，但是它们对于社会的持续、和谐发展具有举足轻重的影响。说它系统复杂，是因为对于林业系统来说，其每一个构成要素同时还可以看成是次级系统，这些构成要素分别由不同的元素组合而成。当然，林业系统同时也是其他系统的构成部分，可以把它看成经济系统的构成要素，也可以把它看成自然生态系统的组成部分等。由于林业系统的构成要素的变动性，对诸要素赋予确定不变的值是难以实现的，所以某种程度上可以把这个系统看作是不确定的复杂适应性系统。

当对作为复杂适应性系统的林业进行研究时，真正的研究对象应如何定位？对于这一问题，我国学者徐国祯作了如下分析："林业研究的对象已经从自然生态系统向着人类生态系统转移，'人'正成为生物圈演化的最重要的因素，……所以，林业所要研究的对象不仅仅是自然生态系统，而是体现'以人为本'、'人和自然和谐'的人类生态系统，也就是一个由人类经营管理着的，与社会经济、自然紧密联系着的复合生态系统。"所以，可以总结为林业研究的对象不能局限于自然生态，而是扩展到了社会生态的范围，它扩展了自然生态这个长期以来的狭义生态观。社会生态是一个能够提出目标、进行反思、自我调整的生态系统，它包含着人与人、人与社会两个方面的内容。总之，林业系统中始终伴随着人与自然的碰撞、冲突、交流、融合、再碰撞这样循环往复的过程。

通过以上分析，最终可以把林业定位在复杂生态适应性系统上。基于这一定位对林业价值进行分析时，接下来将要分析的三个不同系统层次具有重要的价值，它们是林业价值研究的依据。

2.1.2 林业复杂适应性系统的层次

当把林业看作是一个复杂适应性系统时，这个系统可以从以下三个层次来分析：

(1)林业是自然性、经济性、生态性和社会性的价值复合系统。这些指向不同的价值之间是相互依存的，任何一方的损失都会导致其他价值难以持续存在的结果。林业的自然性即林业的自然存在是所有价值存在的基础，不能简单把自然性等同于经济，看作是财产。因为自然存在会带来诸多的伴生价值，而这些伴生价值对人类的意义重要性的排序会随着社会具体情况的不同而发生变化。

经济至上理念弊端日益凸现，全球的发展视角已经开始由经济到人、生态、社会的调整。在这样的背景下，在林业研究上也必然要抛弃唯经济说，把长期以来被忽视的林业社会、生态等价值纳入到研究范围之内，并给予甚至高于经济价值的重视。当然，这样的重视也要在一定范围之内。一方面既不能像过去一样重视林业的自然功能、经济利用价值而忽视林业的生态性和社会性；但是也要意识到不能简单地矫枉过正，强调单一的生态林业、社会林业而放弃自然性和和经济性。强调任何一种都应当是建立在对其他方面承认、尊重的基础之上的。

(2)林业是实体性和价值性的复合系统。其实体性在于它能够看得见，摸得着，是一种真实可见的存在。而其价值性则由可见价值(有形的回报)与感知价值(无形的财富)两部分共同组成。由于可见价值的真切与强有力的诱惑性，它更多地引起人们的注意，相反在过去相当长的时间里林业的感知价值被忽视。

由于种种原因，过分强调林业的实物功能形成传统林业的基本特征。然而到了现代林业阶段，林业的实体性与价值性已经完全融为一体。二者之间的关系可以概括为：实体是根本，产生价值；价值是导向，影响实体发展。尤其是林业的价值作为林业的本质特征，既展示了内在的特质和发展规律，又紧紧依附于实体，使得现象与本质达到了融合。所以，只有透彻地分析了林业价值，才能够针对林业的具体特征，引导林业良性发展。处理好价值关系，就能够达到引导林业不断自组织，自适应，按照环境要求自我调节的良好效果。概括为一句话就是，针对林业要做到用养结合。

(3)林业是人与自然构成的复合系统，是人与自然和谐相处的典范。人正成为林业中的必要和重要因素，人的观念和活动已经渗透到这个生态系统当中。忽视了人的因素，林业就不成其为生态系统。有自我意识的人，在林业生态系统中的角色是多重的，他既是管理者、发展路径的制定者，同时也是受益者，从林业价值中得到身心需求的满足。没有人的因素，林业这个复杂生态系统无法进行自我调节，同时适应自然的变化和社会的变迁。然而，在某种程度上，人也由于对于林业价值的认识偏差而扮演了林业破坏者的角色。而在林业这个复杂系统中，自然为人提供了人所需要的诸多要素。人与自然两种要素相互交融，相互影响，构成了一个复杂的适应性系统。

“以人为本，全面、协调、可持续的”科学发展观，作为认识论、方法论与价值观，也是解决中国林业发展问题的最根本的指导思想。在这一发展观的指导下，“生态问题说到底是人类前景问题，只有人类走向与自然的和谐，才能从根本上解决问题。”林业问题作为生态问题的一种，同样只有处理好了人与森林的关系，达成和谐，才能够最终实现林业的良性发展和价值最佳配置。而这一目标的实现前提，就是要正确认识林业价值，并对其进行恰当的经营，处理好蕴含在其中的一切关系。

(4)三个层次之间的关系。在以上的分析中可以发现，事实上三个层次之间是不能完全区分开来的。林业的多重价值事实上体现出了其实体性和价值性的交互作用系统的存在，同时也决定了人与自然双重因素在林业系统中必不可少的地位。也就是说价值系统是中间环节也是关键环节，它不仅联系着这一独特生态系统中的诸多因素，而且在依存关系中影响着林业系统整体的未来发展态势。三个次级系统层次决定了在对林业进行改革思考过程中必须着眼于：从人类可持续发展目标出发，必须把林业的建设放在可持续发展的视角上来，正确处理人与森林的关系；在林区的建设过程中必须要统一协调好生态、社会、经济、文化之间的关系，不仅关注有形的生态，同时关注非物质的生态文化与文明。

林业作为复合系统，就决定了林业要走的道路，必须结合中国的国情，结合科学发展观的理念，结合和谐社会构建的要求，走一条经济、社会、生态并重、和谐、共赢的发展道路，这就是中国现代林业的发展道路，也是中国林业实现可持续发展的现实选择。

2.2 林业价值分类经营理论

在上文的分析中我们知道，林业的价值体现在由多种不同价值共同组成的系统，所以用一种方式对所有价值进行经营是不合理的，必须建立起分类经营的理论，针对不同价值种类采用不同的经营方式。

所谓林业价值的分类经营，基本指导思想是以价值为经营对象，遵循价值的发展规律。就是根据森林资源内在的经济价值、生态价值以及社会价值等内涵，明晰价值之间的差异性，把握价值的特殊性，有针对性地确定不同的价值经营主体，遵循不同的价值经营规律，实施分类经营，分类管理。通过分类经营，在经营对象实现各自增值的基础上，推动林业整体功能的最佳发挥，实现林业的可持续发展。

林业价值，包含着自然、社会与人类之间的冲突与和谐，是一个持续调整、逐步丰富、不断发展的哲学、经济学和社会学概念。它随着人类社会的不断进步以及人对客观世界认识能力的日益改善与提高，展现出不同的内涵和外延。而今，它核心表现为满足人类物质和精神需求的客观能力、潜在水平和主观感受。深刻发掘林业价值的源泉，把握林业价值的形态，推动林业价值的经营，对于林业实现可持续发展，对于社会主义现代化建设，对于人类社会的自由发展，意义重大。

2.2.1 林业价值的源泉

矛盾，无时不在，无处不在。不同的力量，不同的要素，不同的规律，都在影响着林业的成长，左右着林业的发展，决定着林业的价值。林业资源，是大自然与人类的共同产物，同时在现代市场经济大潮中，不可避免地受着经济规律的影响。林业的自然属性、社会属性和经济属性并存不悖，相互融合，相互促进，共同构成了林业价值的源泉。

(1)源于自然。林业价值部分来自于大自然，这是林业天生具有的、未经人类劳动参与、不受社会和经济发展规律影响的价值。其价值量大小主要取决于林业自身的成长天性以及所处的自然环境、地理区位等。这是林业价值多元论的初始阶段，是林业价值不可忽视、不可替代、不可逾越的源泉。天然林具有典型代表性。

大自然是一切财富和价值的第一源泉。国际著名生态伦理学家、美国科罗拉多州立大学终身教授霍尔姆斯·罗尔斯顿在《环境伦理学：大自然的价值以及人对大自然的义务》中指出：大自然是生命的源泉，这整个源泉——而非只有诞生于其中的生命——都是有价值的，大自然是万物的真正创造者。

林业资源，作为自然万物中的有机组成部分，成长、成熟、消亡于自然界。自然界创造了林业资源，为林业资源的成长持续地融入能量，注入价值。自然界对林业资源的作用与贡献，遵循着自身的规律，不以人的意志为转移。在人类社会产生之前便已存在；在有了人类社会以后，无论人类是否认识、干涉，它们也还是存在的，还在依据其自身的规律存在和运动着。这种存在和运动本身就是一种价值的源泉。随着人类认识自然的深化，改造自然力度的加大，对自然的影响日益明显和强化，但是自然界关于林业资源价值形成的规律没有根本性的改变。

需要注意的是，林业价值的界定离不开人类社会。价值是人类社会对某种物品或现象对于人类本身所具有的潜在或显性影响的特有判断。价值是主客观结合的概念，人类是认知、认识、发现、发展价值的主体。人类出现之前，大自然以及大自然所创造的一切物品和现象包括森林也是有价值的，但是只有在人类出现，对其主观认识并对其价值进行了追认，价值才真正被界定并被利用。

(2)源于劳动。林业价值中由于人类劳动附加于林业资源所产生的价值部分，既包括林业资源开发的直接性人力和资金投入，也包括为开发林业资源所进行的其他间接附加性设施投入，如道路交通的修建、水电设施的配套等。人工林的发展具有代表性。

在林业资源的保护、开发和利用中，人类已经并将越来越多地投入资本和科学技术，或者付出经营管理的代价，这样的林业资源也就不再是天然的了，而是非天然的林业资源，如已开发的原始森林，人工林则更具有这方面的典型特征，它们的价值源泉当然也就应在大自然之外，再加上人类活动的印记，加上相关的劳动、资本、科学技术或经营管理等要素。随着社会进步和科学技术发展，这种非天然林业价值的数量必将日趋增多，其在整个林业资源价值总量中的比重也将逐步提升。

马克思的劳动价值论为此作了最好的诠释。劳动价值论认为，人类的抽象劳动是价值的唯一源泉。林业资源的价值主要由以下几方面决定：第一，在林业资源的生产和再生产过程中伴随着人类劳动的大量投入，使整个现存的林业资源都表现为直接生产和再生产的劳动产品，它们参与流通与交换，因而具有价值。第二，劳动创造的价值是由社会必要劳动时间决定或衡量的。尽管林业资源的再生产有其自身独特的规律性，但是林业资源价值量的大小仍然是由在林业资源再生产过程中人们所投入的社会必要劳动时间决定的。第三，林业资源具有不同程度的自然力作用，能为人们所利用，以节约劳动、增加财富。第四，林业资源的价格是其价值的货币表现，并反映林业资源的供求关系，供求规律决定着林业资源价格变化趋势。

(3)源于稀缺性。林业价值的第三个源泉为林业资源的稀缺性，可称为林业的稀缺价值，其价值量大小完全由林业的市场供求状况所决定。

林业的价值除了来自其本身属性能够满足人类需求之外，还要受其数量有限性和稀缺性的制约。森林资源属于可再生性资源，但是再生速度缓慢。尤其严峻的是，与人类生存发展息息相关的林业资源已绝非取之不尽，用之不竭，在一些植被破坏严重的地区已成了难得之物；事实一再证明，随着人类需求的不断增长，数量有限的林业资源愈发显得稀缺了，这种稀缺性更加重了人类对林业资源的依赖，也增加了林业资源的价值。林业资源越稀缺，其价值也就越大，这是林业资源的供求关系所决定的客观趋势。

边际效用价值论对林业资源稀缺特质做了合理的解释。边际效用价值理论是从物品满足人的欲望能力或人对物品效用的主观心理评价角度来解释价值及其形成过程的经济理论。远在1817年，英国古典经济学的伟大代表者李嘉图曾经说：有些商品的价值，单只由它们的稀少性决定，劳动不能增加它们的数量，所以它们的价值不能由于供给增加而减低。它们的价值与原来生产时所必需的劳动量全然无关，而只随希望得到它们的人的不断变动的财富和嗜好一同变动。至19世纪70年代初期边际主义革命出现，杰文斯、门格尔和瓦尔拉斯等将稀缺性视为边际效用得以形成的一个关键条件，而边际效用在他们看来是决定价值的最终根源。林业资源的稀缺性，赋予了林业资源价值的充分且必要的条件，亦即形成了可以对林业资源进行定价的原理和准则。

林业的自然性、社会性和经济性构成了林业价值的三大源泉。林业的自然属性反映出自然界孕育万物的自然法则；林业的社会属性反映出人类适应自然、改造自然的社会法则；林业的经济属性则反映了市场经济规律对林业价值修正与调整的经济法则。从自然性到社会性再到经济性的动态调整，折射出林业价值是特殊性与普遍性的统一，继承性与创新性的统一，功能性与效用性的统一，反映出世界是普遍联系和永恒发展的这一马克思主义的自然与社会发展规律。

林业价值的三大源泉是林业价值的矛盾性和统一性的辩证统一。其矛盾性主要表现为，由于不同的价值理念，这三大源泉看似是矛盾的。马克思主义的劳动价值论以及西方经济体系中的效用价值论都是单一价值体系，都是承认自身的不可替代的唯一性，承认自身的存在而忽视甚至排除其他的价值理念与价值要素，这也导致了价值理念构建过程的要素缺失与价值体系的不完整性。本研究并非简单地否定单一价值理念与价值主导因素的存在，本研究尝试承认不同价值理念的合理性，以及不同价值标准的共存与相容。

2.2.2 林业价值的形态

林业价值的表现形式与人类对林业的需求息息相关。随着人类社会的发展进步，人类对林业的需求呈现多元化特征，林业价值也相应地表现为经济价值、生态价值和社会价值等三种价值形态。

2.2.2.1 林业的经济价值

林业的经济价值，即森林作为生产要素被人类利用(主要表现为消耗性利用)所具有的价值。在市场经济中，它由林业的稀缺性、附加的劳动和消费者对林业资源的偏好等决定。

林业资源的经济价值遵循经济发展规律，发展的目标是提高使用效率，提高生产力，给社会提供物质产品消费，满足人们的物质需求。林业的经济价值，以市场为实现平台，用货币加以衡量。林业只有在其发挥经济用途的时候才具有经济价值。

据中国林业科学研究院侯元兆研究员在20世纪90年代中期主持的“中国森林资源价值核算研究报告”中的说法，我国森林的经济价值达17414.51亿元。据北京林业大学经济管理学院张颖研究，2004年我国森林的存量、流量价值分别为22万亿元、1.7万亿元。伊春，作为一个具有400万 hm^2 林业施业区的重点国有林区，自1948年大规模开发建设60年来，共生产木材2.4亿多 m^3，累计上缴利税、育林基金等59.2亿元，相当于国家同期预算内投资的4.3倍，为国家经济建设做出了巨大贡献。随着林业替代品的增加以及人类对林业多功能用途认识的深化，林业对经济建设的贡献率呈现逐年下降的态势。据有关方面统计，只讲木材，粗略地算，林业所创的产值在20世纪50年代占全国整个GDP的6%~7%，到70年代就降为2%~3%，现在还不到1%。可见“木头经济”分量越来越轻，这已是必然趋势。

2.2.2.2 林业的生态价值

林业的生态价值，就是林业在自然生态系统循环中发挥的有益于、有助于人类生存与发展的能力。生态价值的实现不能完全由市场决定。美国佛蒙特州立大学的著名教授戴维·康斯坦察说：“我们一直仅限于书本研究而忽略了自然的价值。传统上经济学家都以市场为中心。但是我们发现在市场以外很多东西都对人类具有价值。"

林业资源不仅能为人类提供木材和其他林产品，具有一定的经济价值，更重要的是具有巨大的生态价值。林业的生态价值包括涵养水源、保持水土、调节气候、防风固沙、净化大气、产生氧气、保持生物多样性等多个方面。这些生态价值的大小，是评价林业资源价值的重要指标。生态价值也是森林的产品，而且是非常重要的产品。但是这些产品有不同于一般产品的特性：一是它不具有实物性，无法通过直接的交换关系实现其价值；二是它的消费过程无法界定，人们随时随地可以享用林业的生态价值，而不必立刻为这种享用付费。因而森林的生态价值就表现为林业生产的外部效益，同时表现为巨大的社会效益，被社会全体公众免费享用。

国家林业局经济发展研究中心提供的资料说，如果把森林涵养水源的意义定个价的话，那么，我国目前森林的年水源涵养量是3473亿吨，相当于我国现有水库总库容的75%，平均每公顷森林水源涵养价值为1890元、全国每年总计约2527亿元；森林保护土壤的价值，我国森林每年减少土壤侵蚀总量约246亿m^3或320亿吨，减少土壤有机质流失量3.84亿吨，其中氮、磷、钾的损失相当于5700万吨标准化肥，森林保护土壤的作用相当于每年创造价值2691亿元；至于森林固定二氧化碳和供给氧的价值，我国每年森林的干材、枝、根的物质生长量为2.05亿吨，固定二氧化碳3.34亿吨，价值913亿元，提供的氧为2.46亿吨，价值为929.5亿元，两者合计超过1842亿元。

据日本研究人员的研究资料，森林的生态价值评价值占森林总价值的96%，而木材产值仅占4%。芬兰研究认为森林的生态价值和木材产值分别占森林总价值的76%和24%。美国的研究结果表明，森林生态价值评价值和木材产值分别占森林总价值的90%和10%。在我国，1999年北京市采用替代法对全市森林的生态价值进行核算，森林生态价值为2119.88亿元，是森林经济价值的13.3倍。

由于应用的理论和方法各有千秋，不同的研究方法得出的生态价值的数量值高低不一，但对于“森林具有巨大的生态价值，这些价值远远大于其本身的经济价值”这一结论已经得到社会的普遍认可和接受，这是一个不争的事实。当我们把大自然看作一个类似人的生命个体时，我们会发现，森林便是“大自然之肺”。从这个意义上说，森林对于人类是无价之宝。

2.2.2.3 林业的社会价值

林业的社会价值，是林业所展现出来的社会意义，是林业为社会提供生态、经济需求以外的一切需求，反映在人类社会精神文明状态的改善和道德需求的满足方面，包括林木的美学价值、历史价值以及林间游憩、陶冶情操、增加林区就业和收入、森林保健和卫生等。林业的社会价值，是非使用价值的价值，即独立于人们对资源的现期使用的价值。

林业的社会价值弥足珍贵，对人类的精神生活与社会的和谐发展意义重大。伊春停伐红松的举动突出展示了对林业社会价值的尊重与保护。红松是联合国确定的世界珍稀保护树种，天然红松林堪称“第三纪森林”。全世界的天然红松林有60%分布在中国，而中国的天然红松林尤以伊春(小兴安岭)林区分布最集中、最为典型，伊春是名副其实的“红松故乡”。新中国成立之初，在伊春400万 hm^2 的森林面积中，天然红松林在120万 hm^2 左右，占四分之一强，是世界上最大的红松原始林“林海”。可是，2003年统计，伊春成片的天然红松林已不足5万 hm^2 了，而且这5万 hm^2 多是以自然保护区、森林公园和母树林的形式保存下来的，其他散生的天然红松林不足200万 m^3。严重的是，伊春的木材生产中天然红松仍占到30%左右，每年要消耗红松达30万~40万 m^3，再这样干上三五年，伊春的天然红松就消耗殆尽了。再不停伐，“红松的故乡”就变成“红松的故事”了！2004年，市政府颁布市长一号令，自9月1日起在伊春境内全面停止采伐天然红松林木。伊春算的是另一笔账。天然红松林是伊春的象征，是小兴安岭的象征，是欧亚大陆温带森林的标志。天然红松林木树体高大通直，最高可达40m，寿命较长，通常在400年以上，红松天然林100年后方进入成熟期，其生态价值、历史价值、文化价值和科学价值弥足珍贵，它在小兴安岭针阔混交树种群落中发挥着不可替代的作用。天然红松林一旦砍光了，靠自然力恢复成现实天然林状态至少需要2500年或者更长的时间。伊春重视红松社会价值、保护红松的举动得到中共中央、国务院、全国人大、全国政协、黑龙江省委省政府以及联合国等国际组织的高度评价。2005年，在首届全球人居环境论坛上，伊春被联合国国际交流合作与协调委员会（CCC/UN）评为"城市森林生态保护和可持续发展范例"，并荣获"绿色伊春"称号，本研究笔者作为伊春市市长同时被授予"森林使者"荣誉称号。

林业资源不仅是人类进行生产劳动、经济活动的物质基础，同时也是人类提高生活质量、建设和谐社会的精神基础。随着人类文明的进步，人类不断发展完善了对林业资源价值的认识，由完全经济意义上的价值取向，逐渐拓展到生态价值、社会价值等方面。林业资源的经济价值、生态价值、社会价值是统一的、不可分割的整体，互为因果、互相依存、互相制约、缺一不可，取走任何一种价值的同时必然造成其他价值的流失和毁灭。因此，若要维护林业资源的整体性和功能多样性，人类在开发利用林业资源时，必须统筹兼顾。

2.2.3 林业价值的经营

科学的经营是实现林业科学发展的基础，是实现林业经济、生态和社会价值增值的重要保证。林业的科学经营，关键在于找到正确的经营主体，确定正确的经营对象，把握正确的经营规律。

2.2.3.1 从实物经营向价值经营的转变

所谓价值经营，是指把林业的价值作为经营的对象，立足于价值的丰富内涵和特殊规律性，选择国家、个人或社团等价值经营主体，充分运用资本运营、产权交易、期货市场等现代经营方式，以求最大限度地实现林业价值增值的目标。

长期以来，国家对林业的经营停留在实物经营的层面，重视对木材的生产、管理与经营。这种经营方式曾经创造了巨大的物质财富，为国家的经济建设做出了巨大贡献。但是，也相应地忽略了林业的价值属性，忽略了生态建设的必要性与迫切性，忽略了现代化经营理念与经营手段的应用，从而阻碍了林业的快速、健康发展。

林业价值经营，弥补了传统实物经营方式的诸多漏洞和弊端，抓住价值这个根本，实现了由实物管理向更高层次价值管理的飞跃。它把林业实物变为价值载体和实现手段，通过经营林业价值，挖掘林业资源的多元化特质，促进资源的优化配置，实现林业价值综合化、立体化、多元化的大发展。

从实物经营向价值经营转变，是林业经营观念的重大调整：突破了传统的人们崇尚实物、保持实物、拥有实物的实物本位主义观念，转为尊重价值、经营价值、扩大价值的价值本位主义观念；是林业经营对象的重大调整：在实物经营方式下，林业经营更像一个生产车间，经营者只管木材的生产，供应与销售。在价值经营方式下，林业经营特点是围绕价值进行经营管理，把价值的经营作为管理的核心；是经营目标的重大调整：从过去的木材生产数量为第一目标转而向着价值的增值为第一目标；是经营手段的重大调整：实物经营更多地使用生产工具、借助市场平台、打造数量优势，而价值经营更多地运用产权运营、金融资本、市场平台等一切现代化的理念和经营方式；是经营规则的重大调整：实物经营下更重视种植规则和生产要求，而在价值经营下则更多地强调经济规律、生态规律与社会规律的彼此融合。

当然，林业价值经营不是空中楼阁，它是对实物经营的“扬弃”，是实物经营的延伸和发展。良好的实物经营，无论何时都是价值经营的前提。

2.2.3.2 林业价值的分类经营

所谓林业价值的分类经营，就是根据林业资源内在的经济价值、生态价值以及社会价值等内涵，明晰价值之间的差异性，把握价值的特殊性，有针对性地确定不同的价值经营主体，遵循不同的价值经营规律，实施分类经营，分类管理。

林业价值分类经营，基本指导思想是以价值为经营对象，遵循价值的发展规律。对林业的生态价值的经营，是以满足国土保安和改善生态环境为经营目的；对经济价值的经营，以市场为导向，以经济规律为基本规律，追求林业投资的经济效果；对社会价值的经营，遵循文化的发展规律，以追求社会发展、社会和谐以及文明的继承与传播为基本理念。通过分类经营，在经营对象实现各自增值的基础上，推动林业整体功能的最佳发挥，实现林业的可持续发展。

关于森林分类经营问题，国际上比较主流的分类经营理论模式为“邻接式多元化利用”，在一定地域上，划块分类经营利用，根据森林的主要功能划分为用材、防护、游憩、放牧等，发挥各自功能。国内理论界主流的观点认为“生态经济一体化的林业难以实施”，强调“……紧紧抓住解放和提高林业生产力这个中心环节，突出效益原则，强调结构效益，对林业实行分类指导，按照专业分工的原则对林业经营格局进行大调整，集中力量重点突破，以重点林业的高效益带动全局的发展”。林业分类经营理论，重视林业的功能建设，重视生态效益的提升，有着积极的意义。当前我国正在推行的以生态公益林和商品林为基本特征的“林业分类经营”实践充分反映了这种理论的成果。实施林业分类经营，就是按照森林主要用途的不同，将森林区分为公益林业和商品林业两大类，分别采取不同的管理体制、经营机制和政策措施，公益林业按照公益事业进行管理，以政府投资为主，吸引社会力量共建；商品林业按照经济产业进行管理，主要由市场配置资源，政府给予必要扶持。林业分类经营的理论与实践是我国林业经营史上的一大突破，但是将森林分为商品林和公益林，忽视了林业生态价值和经济价值的同一性，忽视了价值之间相互转化的可能性与现实基础。

林业价值分类经营思想，继承了林业分类经营的成果，弥补了林业分类经营的弊端，构建出全新的林业经营理念，通过对经营规律的准确把握和经营手段的正确运用，使得生态价值、经济价值以社会价值既实现了自身的发展，又确保了互利共赢，互促互进。

伊春试点的国有林权制度改革是以林业价值分类经营思想为理论基础的改革。就是将部分国有林业资源通过承包经营、产权变更、产权交易等方式，明晰下来，并且可以转让，在确定不同经营主体之后，实现经济价值的增值，同时实现生态价值的扩张，以期实现经济价值和生态价值的和谐与融合，实现双目标的统一与结合。这是林业价值分类经营理论的具体实践，也是这次国有林权制度改革的重大特色。

2.3 林业价值属性与林业产权制度的互动与协调

林业具有经济价值、生态价值、社会价值等不同属性。就经济价值而言，林业大都倾向属于私人物品；就生态价值、社会价值而言，林业倾向属于公共物品。不同的价值属性，不同的产品特质，决定了其不同的产权安排的要求。产权制度与价值属性的互动与协调，奠定了国有林权制度改革的理论基础，构成了国有林权制度改革的基本路径。

2.3.1 林业经济价值与私有产权互动架构

林业的经济价值，倾向于私人物品。一旦成为私人物品，就具有排他性和竞争性。排他性是指如果某人消费了林业的经济价值，其他人就不能消费该经济价值了，也就是说只有得到林业经济价值才能消费林业的经济价值。竞争性是指不愿意支付价格的人不能拥有从而不能消费林业的经济价值。

新制度经济学家认为，私人物品最适宜的产权制度形式是私有产权。对于消费和使用具有竞争性和排他性的私人物品来说，如果不确立私有产权而是采取公有产权形式的话，必然会导致人们对这种物品或资产的过度利用，并出现张五常所说的“租值耗散”的问题。租值耗散，是张五常提出的一个著名定理，其内容是：如果说竞争是在没有规则的情况下进行，那么商品的价值就会烟消云散。

林业的经济价值如果采取公有产权则将出现被过度利用。借助一个简单的图式模型来阐述(图2-1)，人力资源与林业经济价值相结合，实现有效产出。人力资源是可以调整的，林业经济价值则是固定供应的。在图2-1中，该模型假定，只有两种生产要素，同质的人力资源和固定供应的林业经济价值 R^0。人力资源的机会成本由各种可供选择的市场

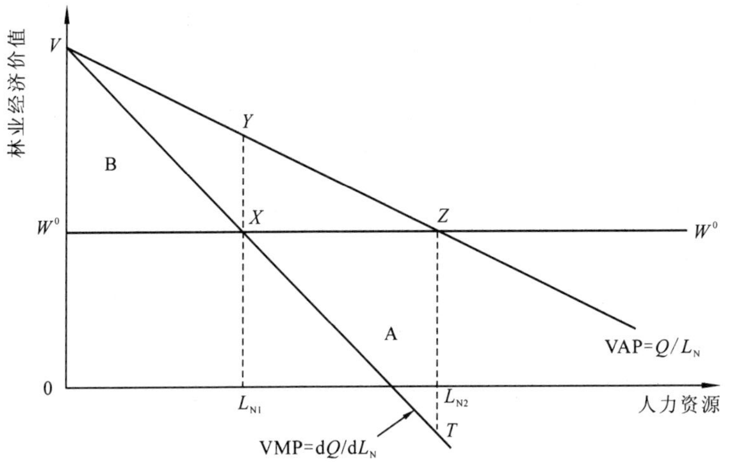

图 2-1 林业经济价值的租金耗散

Figure 2-1 Rent dissipation of forestry economic value

工资率 W^0 决定。从图中可以看到，随着越来越多的人力资源被用到固定的林业经济价值 R^0 上，劳动力的平均产品和边际产品价值下降。

我们考察多投入一个人力资源单位到林业经济价值 R^0 上的情况。这个人力资源单位 L_i 对总产出的贡献可以说是双重的。首先作为同质人力资源单位的一分子，L_i 生产出 Q/L_N。这里的 Q 是总产出的价值，L_N是同质人力资源单位的总数。其次，新 L_i 的加入具有降低原有人力资源单位平均产品的效果——如 VAP 线的斜度所示。边际产品价值线 VMP 综合了上述两种效果，给出边际人力资源单位 L_i 用到林业经济价值 R^0 上时，对总产出的净贡献。

假如林业经济价值 R^0 是私有的，决策单位是特定的个体，林业经济价值的所有者就一定会雇请 L_{N_1} 单位的人力资源，因为在这个经营水平上，将会从林业经济价值 R^0 获取最多的租金收入，它由图 2-1 中的三角形 B(XVW^0)表示。

而当林业经济价值 R^0 是共有的，决策单位无限多，每个决策单位都有权消耗林业经济价值，则每一个决策单位 L_1 只考虑它自己的产出 Q/L_N，不顾及他对其他人力资源单位施加的成本。设想在图 2-1 的 L_{N_1} 处，人力资源投入有微量的增加，该人力资源增量的产出是 $L_{N_1}Y$(平均产出)，但原有单位的生产率下降却等于 XY，因此产出的净增加只能是 $L_{N_1}X = L_{N_1}Y - XY$。

如果每个决策单位均忽视他对其他单位施加的成本，那么新的人力资源就会不断涌入，直至 VAP = W^0 及人力资源总数达到 L_{N_2} 的水平。在这一点上，每个决策单位(VAP 线)的报酬等于它的边际机会成本 W_0，人力资源的不断涌入将使固定林业经济价值 R^0 产出的租金降至零，即由于决策单位的相互竞争作用，使来自固定资源林业经济价值 R^0 的净收入全部耗散。在图 2-1 中，均衡点的耗散水平由三角形 A(XZT)衡量，它等于林业经济价值 R^0 能生出的最大租金额，即三角形 B(XVW^0)的面积。从图中可以清楚地看出，L_{N_2}减去 L_{N_1}的人力资源，对产出的净贡献低于他们在其他情况下的潜在贡献值(这可以由市场工资 W^0 来表示)，而且增加到林业经济价值 R^0 上的最后一些人力资源的贡献，更是负边际产品。

图 2-1 模型提供了林业经济价值作为私人物品采取公有产权怎样能影响经济结果的醒目指示器。该模型表示：当林业经济价值 R^0 是公有财产时，它所能产生的租金会全部耗散，即经济产出被降低的数额正好等于租金的数额。进一步地讲，相对于林业经济价值 R^0 是私有产权的情况，公有产权的林业经济价值 R^0 的私人投入单位会较多，以致他们最后一些单位的净贡献低于其边际成本。

现实生活中经常看到，国有林资源作为经济价值被利用，而且采取公有产权形式，则出现了大量的合法或者不合法的砍伐者，每个人都千方百计地消耗林业的经济价值，直至林业经济价值消耗殆尽!

以上推之，林业经济价值，作为私人物品，以生产商品为主要目标，以追求经济效益为唯一目的，从产权激励机制的角度判断，建立私人产权结构更有利于提高经济价值经营者的积极性，更有利于提高林业经济效益的实现水平。

2.3.2 林业生态价值与公有产权架构

林业资源的生态价值具有非竞争性和非排他性，属于公共服务品的范畴。

公共物品的非排他性是指该物品的消费不能被某人所专有，若要限制其他人消费这种物品是不可能的或者代价(成本)太大。公共物品的非竞争性是指在生产水平既定的情况下，一个人的消费不会减少其他人的消费数量，或者说，许多人可以同时消费这种物品。公共物品的这些属性使市场机制发挥作用遇到了困难。公共物品的非排他性决定了其提供者不可能向消费者收取费用，消费者也不愿为此支付费用，使得公共物品在任何情况下都可以免费消费，产生所谓的“免费搭车”问题。公共物品的非竞争性表明多一人消费并不增加供给成本，也就是说，允许更多的人消费公共物品的边际成本为零。

林业生态价值作为公共物品的这些特性决定它无法由私人部门通过市场提供。如果由私人部门通过市场来提供林业的生态价值，那么会造成生态价值供给的严重短缺。

林业的生态价值，由市场机制决定的供给量会远远小于帕累托最优状态要求的数量(图2-2)。

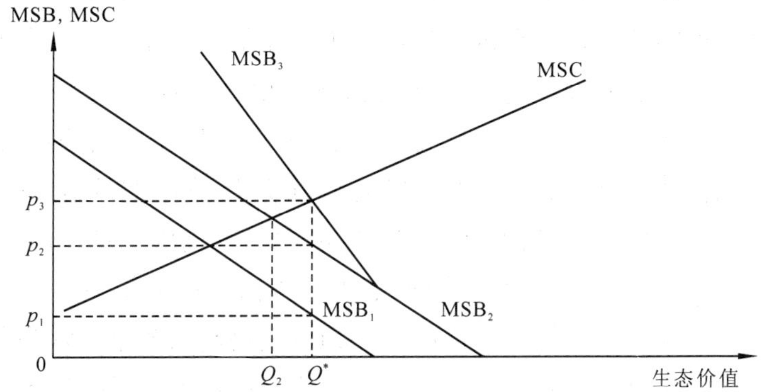

图2-2　林业生态价值的提供

Figure 2-2　The supply of forestry ecological value

在图2-2中，作为公共物品的生态价值由1、2两个消费者共同消费，横轴表示生态价值的数量，纵轴表示生态价值的边际社会利益(MSB)和边际社会成本(MSC)。边际社会利益曲线 MSB_1 表示消费者1从增加的每一个单位生态价值的消费中所增加的个人利益。MSB_2 表示消费者2从增加的每一单位生态价值的消费中增加的个人利益。这些边际个人利益曲线也是各个消费者对生态价值的个人需求曲线，因为他们也表示了消费者消费的生态价值数量与他们个人愿意支付的生态价值价格之间的关系。各个消费者对生态价值的个人需求曲线（MSB_1 和 MSB_2）纵向加总得到图中的边际社会利益曲线（MSB_3）。生态价值的边际社会利益曲线之所以是由其消费者的个人需求曲线垂直加总所得到的，是由于生态价值的消费具有非竞争性和非排他性。生态价值每当有一单位增加，每个消费所消费的生态价值都会相应增加一单位，新增加的生态价值会增加每一个人的效用。边际社会成本曲线（MSC）表示增加一单位生态价值所增加的社会成本。

图2-2中，MSB_3 所表示的边际社会利益曲线并不是生态价值的市场需求曲线。生态价值的市场需求曲线至多只是某个消费者的个人需求曲线（如图中的边际个人利益曲线 MSB_2），因为只要一个消费者购买了生态价值，其他消费者可以免费享受，不可能再有其他的市场需求。但是在这样一种市场需求下，即使生产者按照边际成本等于价格的原则决定生态价值的产量，生态价值的产量也只能等于图中 MSB_2 曲线与 MSC 曲线的交点决定的 Q_2，小于帕累托最优的供给量 Q^*。而这一结果是在考虑到只有两个消费者消费生态价值的条件下得出的。如果考虑到生态价值的消费者通常无计其数，则边际社会利益曲线应比图2-2中的 MSB_3 高到无穷大，市场价格机制决定的生态价值数量 Q_2 与帕累托最优产量 Q_3 相比也会是无穷小。再加上生态价值生产的第一单位边际成本往往就非常高，就使得生态价值由市场机制决定的产量常常为零。

这样，在市场机制作用下，生态价值的市场需求量接近零。但这不表明社会对生态价值没有需求，只是由于生态价值不能保证供给者实现利益性的交换，才使得无法形成有效率的生态价值的市场交换价格，使得不存在市场的生态价值的供给。这样，政府对生态价值供给的介入就成为必然的了。

以上推之，林业资源的生态价值，作为公共物品，以生产社会公益产品为主要目标，以追求公共效益和社会效益为唯一目的。从产权激励机制的角度判断，生态价值的产权结构适合以公有产权形式作为最优的选择。

2.3.3 林业社会价值与公有产权架构

林业社会价值具有非竞争性和非排他性，属于公共品，以生产公益产品、创造公益价值为目标。理论认为，公共品的提供由私人提供往往是不经济的，应当由政府提供，社会成员共同享受。从产权激励机制的角度判断，林业社会价值的产权结构适合以公有产权形式作为最优的选择。

林业的社会价值，体现着人文的关怀、文明的传承、和谐社会的内涵。林业的社会价值对于人类、对于社会、对于文明的特定内涵与深远影响，决定了政府对林业社会价值的提供与经营承担了更多的责任。2004 年，伊春市政府颁布市长一号令，自 9 月 1 日起在伊春境内全面停止采伐天然红松林，正是体现了政府对社会价值的责任与义务。

2.3.4 林业价值的产权模式与经营主体

根据以上分析，林业的不同价值形态，对应着不同的产权结构，对应着不同的经营主体。

林业的经济价值，属于私人物品，其产权目标定位应为私人产权，主要应由私人经营和提供。私人经营林业经济价值的效率更高。这也是本次国有林权改革的理论基础。私人的经营方式可以采取个人经营、联合作业、规模化经营等多种方式。

林业的生态价值和社会价值，属于公共物品，其产权属性应界定为公有产权，其经营者和提供主体主要为国家，政府具体负责。也就是说，国家承担着改善国家生态环境的责任和义务。经营形式主要是建立国家生态公园、森林无人区以及公益林等方式。

长期以来，国有林区乱象丛生，生态效益与经济效益持续冲突，集体超采、个人盗伐现象屡禁不止。究其原因，就是林业价值的产权结构和经营主体的错位。

不同的林业价值，相应地有不同的经营主体。不同的主体关心不同的客体；不同的客体对应不同的主体。只有内涵关联正确，主客体定位合理，才能相得益彰，实现各自的科学发展。为林业价值找到正确的经营主体是林业价值经营的关键环节，也是国有林权制度改革的成功所在。政府、职工以及社会团体只有在价值分类经营的理念之下，通过产权制度改革，置于不同的价值经营主体地位，做国有林的真正主人，才能真正发挥他们的积极性，真正实现价值的科学经营，有效经营。

面对一棵树，国家看到的是生态价值，个人看到的是经济价值，社会看到的是社会价值。当前，尤其要大力推动经济价值与生态价值的责任主体的分置，形成个人关注经济，国家重视生态的良性格局，林业责任主体各司其职，各得其利，使得个人的经济追求与国家的生态追求得以有机结合，使得职工的造林积极性和国有林区营林事业融为一体，职工在承包之后为自己造林，为自己创造经济利益，同时，也在为国家创造生态效益，为国家营造一片青山，从而实现经济发展与生态建设的共同发展，共同繁荣。

2.4 本章小结

本章对林业价值的源泉、林业价值的形态作了深入的剖析，在此基础上提出了林业价值分类经营理论。本章认为，林业的经济价值属于私人物品，应采取私人产权模式，由个人来经营；林业的生态价值和社会价值属于公共物品，应采取公有产权模式，由政府代表国家来经营。产权与价值的互动构成了国有林权制度改革的发展路径与发展方向。下面若干章将以本章理论为指导，分析国有林权制度的现实基础、国有林权的改革模式。

第3章
国有林权制度改革的现实基础分析

3.1 国有林区现状

我国国有林区主要分布在内蒙古和东北三省，拥有2700万hm^2森林，占全国森林总量的40%，长期以来，国有林业为我国的经济建设做出了重大贡献，同时也付出了巨大牺牲，积淀了很多深层次矛盾和问题。

3.1.1 林业资源出现危机

以伊春为例。伊春是一个因林而生、因林而兴、因林而衰的典型的资源型城市，是开发最早，贡献最大，同时也是资源消耗最快，牺牲最多，历史包袱最重，贫困程度最深的重点国有林区。现行政区划面积3.3万km^2，总人口132万。至今仍沿袭着政企合一行政管理体制，辖1市(县级)1县15个区(其中13个为区、局合一)，16个林业局。现有林业全民在岗职工10万人(在册职工16.2万人)，一次性安置中退出5.8万人。林业经营总面积400万hm^2，其中有林地面积305万hm^2。全市森林覆被率80.3%，林管局为83.8%。伊春林区自1948年大规模开发建设60年来，共生产木材2.4亿m^3，上缴利税、育林基金59.2亿元，统配材差价300多亿元，为国家建设做出了重大贡献。

伊春由于超负荷承担国家下达的木材生产和各项上缴任务，长期过量采伐，导致森林蓄积量减少一半以上，可采成过熟林木资源近于枯竭，生态环境严重恶化。

(1)活立木总蓄积量大幅减少。伊春林管局活立木蓄积在1949年建国初期为4.382亿m^3，1969年为3.094亿m^3，1979年为2.516亿m^3，1989年为2.212亿m^3，1995年为2.202亿m^3，2005年末为2.049亿m^3，2005年活立木总蓄积仅为开发初期的47.8%，在56年中累计净减少2.333亿m^3，年均减少约400万m^3。开发初期成过熟林蓄积3.96亿m^3，到2005年末，成过熟林蓄积860.6万m^3，仅为初期的1/37。成过熟林资源中扣除禁伐区及天然红松林，可采伐成过熟林资源仅有308.4万m^3。16个林业局中有12个已无林可采，其余4个也处于严重的过伐之中。

(2)林龄结构失调。在林区开发初期的1949~1969年，近、成、过熟林的面积和蓄积比均在70%以上，目前已下降到不足3%。目前在限伐区和商品林中，幼龄林、中龄林面积和蓄积之和均占到总面积和总蓄积的80%以上。林区林分各龄组面积和蓄积结构比例严重失调，特别是可采大径木材资源已经完全枯竭，距离可持续经营目标的要求甚远，国有林区的森林资源状况陷入了不可持续的危机状态。

(3)森林生态系统功能衰退。虽然伊春有林地面积逐年提高，由初期的200万hm^2增加到2005年的285 hm^2，增加了85万hm^2，增幅为43%；森林覆盖率由建国初期的80.6%上升到2005年的83.8%。但是，有林地公顷蓄积却由建国初期的194 m^3/hm^2下降到2005年65 m^3/hm^2，下降幅度为65%。林地生产力下降，森林生态系统服务功能衰退。优势树种和珍贵树种濒于消亡，原有的天然林生态系统已支离破碎，其涵养水源、消洪补枯、保护土壤的功能大为降低，旱灾水患频繁发生，水土流失面积不断扩大。

3.1.2 林区经济出现危困

长期的国有国营和统收统支，造成森工企业自身积累少，经济效益差，社会发展欠账严重。伊春的森工系统自1989年起就出现了全行业亏损，目前负债总额已达78亿元，资产负债率达83.5%。同时拖欠职工工资 14.4 亿元。森工企业离退休职工就达 7.7 万人，占全部在职职工人数的 39.7%。

森工企业的经济债务包袱和社会包袱越背越重，再生能力十分脆弱。同时，由于林区开发初、中期实行的一直是先生产、后生活的方针，在基础设施建设方面也遗留了大量历史欠账，城市基础设施和公共服务设施发展严重滞后，特别是至今很多林场(所)还有大量危房，有的林场(所)尚未通上常电，林业局局址所在地还有三分之一的居民没有吃上自来水，林区公路(近万千米)半数以上弃养。

林区经济结构严重失调，“木头经济”始终占据绝对主导地位，其他替代产业发展缓慢。随着林业资源的锐减，独木支撑的林区经济已经走进了死胡同，国有林区的经济状况每况愈下，林区的经济结构到了必须调整的严峻阶段。

3.1.3 林区职工生活陷入困境

林业职工作为大山的主人，没有土地，更没有森林，生活无着落和门路，只能望山兴叹。由于木材产量调减，主导产业萎缩，森工企业富余职工比例高达 42%，林场中大龄男青年因为没有固定家产和工作，找不到媳妇的比比皆是，出现了“光棍林场”。

随着天保工程实施，木材产量的大幅度调减和森工企业经济的日益危困，林业职工大量下岗(按 2000 年在册人数计算富余职工为 10.7 万人)，林区的就业再就业压力日益加重。在岗职工月平均工资 2000 年末仅为 271 元，2005 年末才达到 410 元，就是这样低水平的工资还累计拖欠 2.8 亿元，加上档案工资拖欠总额将达到 14.4 亿元，同时还拖欠养老金、医药费、差旅费等费用 7 亿元。林区群众特别是林业职工生活十分困难，由此也引发了许多影响稳定的社会问题。按照这样的发展条件，伊春国有林区到 2020 年实现全面小康就是一句空话。

窥一斑而见全豹。伊春林区的困境可以说是全国国有林区的一个缩影。据国家林业局公布的数据显示，2005 年，全国林业系统独立核算工业企业实现增加值 41.09 亿元，仅是全国工业增加值的万分之七；林业系统国有独立核算大中型工业企业总资产贡献率仅为4.6%，成本费用利润率仅为4.7%，资产负债率高达66.2%。另据国家劳动部统计，2004年工资最高的行业是证券业，50529元；最低的是林业，6718元，两者相差7.52倍。从以上两组数据，不难看出全国国有林区滞缓的经济发展现状、落后的职工生活状况。

3.2 国有林区现状成因分析

造成这种困境固然有国家长期以木材生产为主的林业发展主导方针的影响，以及超负荷承担国家木材生产任务和长期过量采伐等方面的原因，但是追根溯源，关键还是长期不变的单一的国有国营林业管理体制。

3.2.1 生产关系阻碍了生产力的发展

生产力的每一次飞跃，都是和生产关系的深刻调整伴生的。所有制也就是产权归属状况是生产关系的基础和核心。国有企业通过产权改革，焕发了生机和活力；农村因为家庭联产承包责任制，发生了翻天覆地的变化。但是，国有林区生产关系多年来从未进行过根本性调整，一直在奉行单一国有国营的僵化体制，成为了计划经济的最后一块阵地，成为了生产力发展水平十分低下的行业之一。根据有关资料测算，目前我国18亿亩耕地的亩均产出水平(增加值)约为686元，而43亿亩宝贵的林地资源亩均产出却只有22元。国家林业局局长贾治邦曾一针见血地指出："中国农业用18亿亩耕地，解决了13亿人的吃饭问题。而林业用43亿亩林地，却没有解决13亿人的用材问题，更没有解决社会对生态的需求问题，其根本原因，就是林业改革不到位，体制和机制不顺，阻碍了林业生产力的发展。"

3.2.2 价值经营主体错位

根据林业价值分类经营理论，林业是生态价值、经济价值和社会价值的综合体，三者既相互独立又辩证统一。其独立性表现在，不同价值具有不同的经营主体和经营方式以及与之相适应的产权模式，也就是说，从林业价值的层面分析，作为经济价值的林业应采取私有产权的模式由个人来经营，作为生态价值和社会价值的林业应采取公有产权的模式由国家来经营。其统一性表现在，不同林业价值的经营相互影响，相互促进，最终殊途同归，共同推动着国有林的可持续发展。

国有林长期以来采取的是实物的而不是价值的经营方式，忽视了林业价值作为林业的根本属性，忽略了林业价值之间的差异性，导致国有林长期以来经营主体的错位，使得国有林长期陷于自相矛盾、自我摧残的境地。

从价值层面分析，国有林具有不同的价值特质，经济价值、生态价值、社会价值，三者之间既相互独立，又辩证统一。不同的林业价值具有不同的经营主体。作为经济价值而言，正确的经营主体应该是个人，表现为林业职工以及投资者等；作为生态价值和社会价值而言，正确的经营主体应该是国家，政府作为其代理人。

长期以来，国有林事实上作为经济资源进行经营，专注于经济价值的生产，服务于国家经济建设和人民的物质需求。理论上它的经营主体应该是个人，是林业职工，是投资者。他们更关注经济利益的实现，更关注投入产出的此消彼长，更关注成本的降低与效益的增长。但是我们清楚地看到，其真正经营主体长期缺位。其现实中的主体是国家，是政府，是林业局，是对林业经济价值缺乏必然关注与联系的“虚假”主体。于是我们经常能看到，国家的代理人政府或者林业局，出于政治任务的需要、行政命令的要求，肆无忌惮地对林业进行掠夺式生产，甚至不惜超采、盗伐。

近年来，林业作为生态资源得到广泛的关注。国有林开始行使生态屏障的作用，承担着为国家的生态建设贡献生态价值的任务。理论上，作为生态价值，其真正的主体应该是国家，由其代理人政府、林业局具体负责。但是我们遗憾地看到，政府与林业局似乎只是对经济价值感兴趣，而把保护森林、保护生态、经营生态价值的任务交给了林业职工。

具体表现为，让他们绿化山川，管护森林，防盗防火，不一而足。由于林业职工并不是生态价值的正确经营主体，所以，在现实生活中我们就看到了林业职工栽树、防火、管护，出工不出力，甚至故意纵火烧山、监守自盗、乱砍滥伐。

主体与客体是相互联系的。只有正确的主体才会关心客体的生存与发展。林业职工是“大山的主人”，但是只有这座大山定位于“经济价值”的时候，职工才是真正的大山主人。国家同样是“大山的主人”，但是只有这座大山定位于“生态价值”的时候，国家才是真正的大山主人。

国有林价值经营理念的缺失，价值经营主体的错位，由此导致的林业价值真正主体的缺位，是国有林业陷入困境的重要原因。

3.2.3 国有林权模式的制度缺陷

价值与产权有着必然的联系。不同的价值经营方式必然伴随着不同的产权模式。国有林价值经营理念的缺失、价值经营主体的错位和缺位，必然伴随着国有林产权模式的制度缺陷。

(1)国有产权不利于国有林经济价值的实现。国有林作为经济资源，采取单一的国有产权，权利由国家选择的代理人来行使，作为权利的行使者，由于他对资源的使用与转让以及最后的成果分配都不具有充分的权能，就使他对经济绩效和其他成员的监督的激励降低，而国家对这些代理者进行充分监察的费用又极其高昂，再加上行使国家权利的实体往往为了追求其政治利益而偏离了利润最大化的动机，因而它在选择代理人时，也是从政治利益而非经济利益考虑的倾向，故国有产权下的国有林经营绩效差就可想而知了。

相比之下，私有产权下，私产所有者在做出一项行动决策时，他就会考虑未来的收益和成本倾向，并选择他认为能使他的私有产权现期价值最大化的方式，来作出使用资源的安排，并且他们为获得收益所产生的成本也由个人来承担。私有产权对林业经济价值使用和支配无疑是最具效率的。所以说，国有林作为经济价值进行经营的时候，应该采取私有产权而不是公有产权。

而在现实生产实践中，国有林长期作为重要的经济资源，采取的却是公有产权，由国家授权其代理人来经营的。绩效之差可想而知！

(2)国有产权所有权代表不明确。单一国有国营的林业产权制度安排最大的弊端就是，名义上产权是清晰的，归国家主人所有，实际上是人人所有，等于人人都没有。就国家的森林资源而言，人民委托国务院行使管理权，国务院无法全面行使就又委托了地方各级政府。国家和地方各级政府部门在管理森林资源时既是国有森林资源产权所有者代表，又是社会公共事务管理者的双重身份，身兼国有森林资源所有权代理和行政管理的双重职能，政企合一，既当“运动员”，又当“裁判员”，林业的产权主体被层层虚化掉了，森林资源保护和发展责任与政府部门、森工企业特别是林业职工没有直接的利益关联，导致林区出现造林难、护林难、防火难等一系列难题。

(3)国有产权不利于林业资本的运营和扩张。国有林采取单一的国有权，产权结构单一。这种产权模式不利于林业资本的流动和扩张。近年来个别国有林场和国有森工企业实行了股份合作制，在总股本中设置了国有财产股和职工个人股。但是大多数股份合作制国有林场和国有森工企业的国有财产股所占比重过大，多数达到50%以上，职工个人股所占比重不仅很小而且股份分布不均衡，使得职工个人股显得无足轻重。股份只能封闭运转，只能在系统内部转让，阻碍了市场机制与量的参与。

当市场机制不能发挥相应的作用，市场所匹配的经营、管理、资本等要素无法参与到林业的发展当中，林业的资本特质将被弱化甚至被市场取缔，林业的发展将受到限制。这在现实生产实践中表现为国有林存在严重的投入不足，国家投入杯水车薪，国有企业的投入捉襟见肘，而市场的资本却被阻挡在林业系统之外。

(4)国有林权的交易机制存在缺陷。只有交易才能有利于产权分离、分割和重组，才能达到配置高效的目的，也只有通过交易才能寻找到有能力、有动力行使产权的当事人。然而，一方面由于国有林权主体的不明确，难以塑造产权交易市场的交易主体，另一方面国家所有、政府代理的林业产权体制，造成利益相关者关心政治利益胜于关心经济利益，从而导致产权交易的动力不足。森林资产不能流动，不能进行市场交易，就从根本上剥夺了森林资源转化为资本的可能性，剥夺了资本运营的现代经营理念，阻碍了林业的进一步发展。

3.3 国有林权制度改革的动因及主要障碍分析

3.3.1 国有林权制度改革的契机和动因

从计划经济到市场经济是一场全方位的社会变革，其直接结果是要建立一个市场机制在国家调控下对资源配置起基础性作用的富有活力和效率的体制。鉴于国有林区的森林资源的现有体制和市场经济建设的直接结果不接轨，所以必须要对其进行改革，而之所以在当前这个阶段国有林区的林权制度改革得以成行，是因为前期的问题积累到了一定的程度，加之大的社会发展动向的新局势共同为改革提供了契机，也急切地要求改革快速推动。

目前，国有林区的现实困境已经直接威胁到了林区的内部稳定，并使林区的发展面临着断裂的危险，而各种矛盾的明朗化和激化对于当前的林区状况而言成为了一把双刃剑，它无疑为改革争取到了国家的有力支持和林区职工的大力拥护。说它争取到了国家支持是因为：林区问题的日益严峻早已引起了国家的重视，在国有林区改革真正在伊春得到落实之前，国家便已采取了一些措施来减轻国有林区的巨大负荷，它包括经济和政策两个方面。在经济上，国家在这几年以25%以上的增长速度加大对林业的投入。2004年，国家开发银行提供380亿贷款注入以造纸林基地建设为主的速生丰产林的建设。在政策上，国家早在伊春申请实施改革前就有了一些关于国有林区改革的设想，只是一直没有人敢去做第一个“吃螃蟹”的，这些表示国家已经认识到了国有林区的问题并开始致力于林区的可持续性发展，期望将国有林区引向一条生活富裕、生态良好的文明发展的道路。伊春被确定为改革的试点，推进改革的过程也体现出了国家对改革的重视。

在伊春率先提出改革的思想后，经过汇报和争取，赢得了国家林业主管部门和省委省政府的充分肯定和大力支持，国务院副总理回良玉同志对伊春“大胆探索林业深层次改革的举措”非常赞赏，并明确表示要坚决支持。2004 年 4 月，伊春被国家林业局确定为全国唯一的国有林区林权制度改革试点单位。2006 年 1 月 4 日，国务院 119 次常务会议上原则上通过了伊春率先进行 50 多年来从没有过的林权制度改革试点。伊春的林区职工们普遍认为改革为他们摆脱困境点燃了新的希望，他们表示真心的欢迎和拥护本次伊春进行的改革，并且一些没有作为改革试点的林区职工们表示十分遗憾，并企盼着自己的林场所也能够早日被纳入到改革的范围。所以，对于国有林区的改革来说，国家的重视和基层人民的拥护是改革得以发起和最终取得成功的前提和基础。

国有林区的现实困境催生改革的另一个表现，是促使国有林区学习外部的相对成功的模式。国外的林权制度早已为我国提供了一种完全不同于国有林权制度的经验模式，但是长期以来我们都没有能够积极地吸取他人的经验来弥补我们的短处，原因在于矛盾的潜在化和问题的隐性化。从前面的分析中可以获知，我国的国有林区发展历史脉络是由早期的森林资源丰富，林区靠吃木头发家致富一步步走向木头光了，人穷了，立命之本丢失了。在这一过程中问题是逐渐产生的，矛盾也是逐渐明朗严峻的，最初采用的国有林权制度是因为当时的情况看不到未来，或者没有深刻的思考未来可能产生的问题，而在问题的产生、加剧过程中没有改革，是因为虽然一部分人看到了问题，但是矛盾没有激化到必须改革的程度，引起的重视也不够多，内部对改革的需求并不强烈，在那样的情况下还不是进行改革的时机。而当前，人民的生活陷入了无法自足的困境中，林区人口外流现象严重，国有林区若再这样走下去必将走向不可持续的毁灭之路，所有这些都与我国目前倡导的和谐发展、科学发展背道而驰。在这样的情况下，改革是唯一的出路，也是必然的事情。于是在这样的状况下，国外的一些成功的模式和经验才真正的被我们引进，为我们所利用。

国有林区改革的契机除了内部计划外，还有外部整体趋势的变化。当前的环境问题已经成为了威胁全球的一个主要问题，于是可持续发展、生态保护被摆到了发展的重要位置上。针对这种大的全球趋势，我国提出了科学发展观，它必然涉及到国有林区。这也引起了政府部门对国有林区现状的忧虑，因为作为重要的兼具生态、社会、经济价值的资源，它的可持续性与否对于整体的可持续性、科学发展极为重要。关系到我们国家的未来地位和吸引力，在这样大的背景下，国有林区由于其显著的特殊的地位，其改革也成为了一种必然。

内因是发展的主要动力，外因作为一种参考要素只有通过内部的力量才能够发挥作用。在国有林区改革发起的过程中，内部问题的严重是改革产生的主要原因和推动力，外部原因作为辅助动力，推动了改革的进行，内因和外因的共同作用为改革提供了良好的契机。

3.3.2 伊春国有林权改革的主要障碍

针对国有林区的现状，如不从产权制度这一根本上解决问题，则必然无法实现对森林资源的有效保护，无法保证国有林的必要投入的持续性，无法理顺林业生产关系，解放和发展林区生产力，更无法实现林区职工的脱贫致富。伊春市作为国有林区的典型代表，深刻认识到了产权制度弊端下的困扰，为了开辟发展出路，重新创造发展动力和活力，伊春市率先提出了将国有林区改革的思想落实到实际行动中，以改革促发展的思路，然而从何做起，落到哪里却是一个难以推进改革过程的关键。针对问题所在，对症下药无疑是明智、合理的举动。伊春作为国有林权改革第一“人”，在经过调查分析之后，结合具体的实际情况，为充分发挥和释放森林的“三大效益”，走出一条持续、协调的林区发展之路，决定对以下的一些内容进行改革、调整。而现实中，这些内容也正是林区发展的障碍和难点所在：

(1)关于明确经营主体的问题。林业的不同价值有不同的经营主体，只有确立正确的经营主体，才能真正确立林业利益相关者，才能真正实现明晰所有权，放活经营权，实现生产要素的优化组合。作为国有林，当务之急是打破单一的国有制，采取多种所有制形式，促成林业价值与经营主体以及产权模式的正确互动，构建出合理的林业管理机制与林业投资激励机制。

(2)关于产权交易设定的问题。森林资源产权交易的畅通是森林资源实现市场化，在部门、地区、个人之间进行合理配置的前提和保障。对于森林资源富集而经济落后的地区来讲，它是资源顺利资本化的有利途径。而且只有有了明确的交易方式和途径，才能够实现森林资源三大价值的合理安排，尤其是对生态价值的保护与开发和社会价值的充分实现。然而现行的产权制度严重阻碍了森林资源的有效流转。由于国家所有，不允许拍卖、承包等方式的存在，这严重限制了林区人民发挥主动性、积极性，抑制了林区的活力，并导致了森林资源的配置的不合理和保护不力，又由于对于流转范围的限定也导致了流转方式的不全面。所以，在国有林区的改革过程中，必须涉及到产权交易流转方式及途径的设定。

(3)关于政府职能的调整问题。产权的政府约束性决定了只有政府改革功能的恰当和充分发挥，才能保证国有林区的良好发展，森林资源三大价值的积极增长。目前，政府职能不符合改革的要求：首先，管理不到位。名义上大包大揽，而实际上却放手不管。其次，服务不到位。没有针对森林资源的具体特点形成一套有效而合理的服务体系，综合服务平台欠缺。这种服务体系的不健全不仅在过去严重影响了林区的发展，而且是林区改革道路上的一大障碍。总之，政府部门由于现有问题较多，而且定位不明，必须在改革的过程中调整职能，只有这样才能够保证改革的顺利进行，并取得预期的成果。

(4)关于相关部门利益的协调问题。这是改革开展和顺利进行以及维护改革成果所必需的。一方面，在林权改革的过程中，必然会弱化部门权力。这是改革的内容也是改革进行的前提。不弱化部门权力，改革也无从做起，并且很可能会流于形式。但是如果不把这种弱化控制在恰当的范围、程度之内，很可能会产生三个方面的不良后果：一是由于利益受损明显，严重挫伤了相关部门的积极性，从而为改革带来障碍。二是一旦部门权力弱化过度，那么政府将会无力发挥应有的监督职能，从而使得改革的成果不能长久。三是如果部门利益相差甚远，在权力弱化的过程中不均衡，会产生部门之间的彼此不满，这不仅会影响相关部门的协作，而且会带来内部的矛盾。所有这些可能的不良后果，无疑都会对国有林区的长远发展造成不良的影响，所以，在林权改革的过程中，必须要考虑到这一问题，解决好这一问题。

(5)关于健全林区的社会保障体系问题。健全的社会保障体系是确保改革成果的必要条件。国有林区的社会保障体系目前存在的问题较多，改革的后顾之忧较重，所以要顺利推进改革必然要进行相应的保障体系的完善工作。

(6)关于林业的法律健全和完善问题。法律体系的健全既是改革的内容，又是改革顺利进行的强有力的保障。随着国有林区国有产权制度缺陷的暴露和国有林区内在问题的凸现，原有相关法律的诸多问题也暴露出来了。首先是法律体系的滞后，如原有法律规定的林地流转范围已明显落后于林业生产实践。其次，法律的操作性尚需改进，以现行《森林法》为例，它尽管做出了森林资源的产权创新性制度安排，对设立森林生态效益补偿做出了规定，但由于其可操作性不强，在实践中并没有得到很好的实施。法律中存在的诸多问题导致法律的功能欠缺，它不仅无利于帮助建立明晰的森林资源产权关系，维护森林、林木和林地流转中和流转后的产权人的合法权益，而且不利于监督和协助政府管理森林资源。若不对法律进行健全和完善，则国有林区的产权制度的改革也比较难以实现。法律功能的重要性及其现存的问题决定了国有林权制度改革必须包括法律制度体系的健全和完善。

3.4 本章小结

本章结合林业价值分类经营理论和林业产权理论，从三个方面阐述了国有林区的困境。深入分析了国有林区困境形成的根本原因在于体制僵化，突出表现为：生产关系阻碍了生产力的发展、国有林价值经营主体错位和国有林权模式的制度缺陷。文章进而推论国有林区走出困境的根本出路在于进行国有林权制度改革。

第 4 章
国有林权制度改革模式设计

国有林产权制度改革的出发点和落脚点在于实现林业价值的增值。产权制度的安排与运行将对林业价值的增值产生积极有效的影响。长期以来，国有林生态效益与经济效益的持续走低，根本原因在于产权主体的缺失以及产权改革的滞后。实施国有林权制度改革，是国有林区实现振兴的必由之路。

国有林权制度改革应以林业价值分类经营理论为指导，构建“明晰的、排他的、可交易的”目标产权模式，推行“远封近分、三林流转、大力发展民有林”的改革模式，以期实现林业的经济价值、生态价值和社会价值的共同发展。

4.1 国有林权制度改革的目标产权模式

建立卓有成效的林权是实现林业价值科学经营的关键。根据林业价值分类经营理论，林业的不同价值需要采取相应的不同的产权结构。经营林业生态价值、社会价值需要建立公有产权，经营林业经济价值需要建立私有产权。在确定了公有产权和私有产权的大格局下，建立高效率的产权模式是实现林业价值科学经营的基础，也是国有林权制度改革的关键。

产权的效率将决定改革的成败。美国经济法学家波斯纳对产权效率机制归纳为：一是产权的明晰性；二是产权的排他性；三是产权的可交易性。没有明晰、排他的且可转让的产权，市场体系就无法建成，由产权重组而成的林业效率机制也无法形成，换句话说，没有明晰、排他的且可转让的产权也就没有真正的市场，也没有真正的林业。高效的产权模式，才能真正提高经营者的积极性，最优配置资源，激发林业投入，激发保护的热情。产权的明晰性、排他性和可交易性，是这次改革的出发点和落脚点，也是这次改革成功与否的重要条件和基础。

4.1.1 构建明晰化的国有林权

产权明晰，是指不同的产权，其边界应界定清楚。产权的明晰与产权主体的责任相关联，产权不明晰，会导致权责不明，产权的价值就得不到保证。国有林产权制度是否合理有效，取决于林业所有者、经营者以及使用者之间所形成的产权关系明晰化程度，以及由此决定的各利益主体之间的利益关系的明晰化程度。林业产权关系越明晰，利益关系越明晰，林业利用就越经济，效果就越高。反之，林业产权关系越模糊，林业经营中的利益、责任关系越混乱，林业的经营就越不经济，越没有效率。

4.1.1.1 产权明晰化与森林资源的保护

国有林权制度最大的弊端在于，名义上产权是清晰的，所有人是存在的，实际上不存在具体的所有人，没有人真正关心所有权人的利益。国家森林资源行政管理机构与森林资源国有经营单位之间政企不分，经济利益高度关联，国家代理人很难对森林资源实施有效的监督和管理。国有林经营单位缺乏来自所有权人的硬性约束，专注于本部门、本单位和本行业的经济利益，对所有人的利益关心不够，甚至常常做出损害所有人利益的行为。林业职工名为大山的主人，但是只有责任没有权利，只有义务没有利益。造林不负责任，护林积极性不高，工作应付了事，当一天和尚撞一天钟。国有林区长期处于工作要求与工作落实不一致，说的与做的不一致，账上数字与实地数据不一致的矛盾当中。“公共地悲剧”一再上演。森林资源的超采、盗采、毁林现象屡禁不止。森林资源过度消耗的势头仍未得到根本遏制。森林资源的有效恢复任重道远。

进行国有林权制度改革，就是通过划分产权，确保不同产权主体的权利、责任边界清晰化，使得权利与责任对称，建立起有效的激励与约束机制，从而调动广大林业职工的经营积极性，使森林资源综合经营水平实现大幅度提高。把森林资源流转给个人后，在市场竞争形成的价格机制引导下，林业职工的个人取利的行为将会趋向于边际收益与边际成本相等这一帕累托最优状态。职工群众花自己的钱办自己的事，用自己的钱造自己的林，造林质量将大大提高，多年造林不见林现象将得到彻底扭转；以往在民有林区域和周边地块，烧了林子不心疼，甚至故意纵火烧山的现象必将消失，森林安全系数将会大大提升。森林的恢复发展速度必然加快，林分质量必将大幅度提高，森林生态系统的整体功能必将增强，这对于恢复和改善小兴安岭的生态环境，对于保障松嫩平原和三江平原两大"粮仓"的安全，对于保障国家生态安全将发挥重要作用。

4.1.1.2 产权明晰化与国有林的投入

产权安排对投资主体、投资渠道与投资激励具有重大的直接的影响。沿袭国有国营的产权体制，国有林无法成为有效投资载体，社会资金缺乏进入渠道和投资激励，林业发展投入只能依赖于国家投资和国有林业企业经营利润，而事实上这两个渠道目前的投入能力十分有限。随着天保工程的实施，木材产量下调，育林基金年提取总量相应减少，国家投入手段更趋单一；国有森工企业早已出现全行业亏损，负债累累，自有财力维持正常经营运转尚且困难，拿不出资金搞林业建设。国有林区陷入了等米下炊的困难局面。

通过国有林权制度改革，进一步明晰产权，辅之以资本运营、资本流转的经营方式，有效地激活了民间资本，解决了森林培育投入乏力问题。一下子敞开了民间资本进入的闸口，职工群众投资林业发展营造民有林的积极性非常高涨，使国家投入不足部分得到了一定程度的补充。同时，战略投资者进入国有林区的积极性被激活，进入渠道将随着改革的深入实施进一步的畅通，国有林投入问题将得到根本解决。

4.1.1.3 产权明晰化与林区生产关系、生产力的解放

由于单一的国有国营模式，计划经济，大锅饭，干与不干一个样，干多干少一个样，干好干坏一个样，职工劳动积极性严重受挫，国有林

区生产关系已经严重束缚了生产力的发展。马克思指出："人们奋斗所争取的一切，都同他们的利益有关。"列宁也指出，要实现共产主义，不仅要"借助于伟大革命所产生的热情"，而且还要"依靠从个人利益上的关心"，否则，"就不能把千百万人引向共产主义"。在当前林业职工对森林资源依赖性很强的情况下，不打破现有体制，不进行产权制度改革，不把森林资源的经营权与收益权放给职工，不把森林资源管护、培育的责任与职工的切身利益直接挂钩，生产关系就无法调整和理顺，生产力就无法恢复和提高。

通过国有林权制度改革，把林地的经营权、林木的所有权和处置权都交给了职工，从而把职工的利益、职工的积极性和国有林区造林、营林的事业完全融为一体。打破了国有林区国有国营一统天下的经营管理体制，理顺了林业生产关系，解放和发展了林区生产力，有效解决了国有林区长期存在的养林与养人、生存与发展、生态与经济的激烈矛盾冲突，走出了一条经济繁荣、社会进步、生态良好的可持续发展之路。

4.1.2 构建排他性的国有林权

产权的排他性是资源得以有效利用的前提条件。"只有在相互社会成员之间划定特定资源的使用的排他权，才会产生适当的激励"产权的排他性，不仅意味着不让他人从该项资产中受益，而且意味着资产所有者要排他性地对该项资产使用中的各项成本负责，包括承担排他性的成本。一旦确立了排他性产权，产权主体就可以在规则允许的范围内和不损害他人权益的条件下自由支配、处分产权，并独立承担产权行使的后果，包括收益与成本。如果产权不具有排他性，就会面临"搭便车"或"偷懒"行为对产权的损害；如果产权主体不能独立承担产权的行使后果，就会导致产权的滥用或资产的流失。总之，物的排他性与物的使用效率成正比例关系。

4.1.2.1 排他性产权与"公共地悲剧"

大量的事实表明，我国国有林的退化和大面积毁坏，主要是因为有关方面竞争性和掠夺性使用林业资源造成的。从经济学意义上讲，当林业资源使用权不具有排他性时，它就具备了“公共地悲剧”的条件。共有资源具有竞争性，而没有排他性。竞争性是指人们都有权利通过使用某种资源或物品去获取私人的经济收益，因而当某个人或团队使用了该资源或物品时，留给其他人及团队的数量就会减少。同时，在人们可以免费使用该资源和物品时，使用者之间又不具有排他性，由此会导致人们对该资源或物品的过度使用甚至毁损的行为。由于国有林的产权不明，至少未曾建立明确、有效、排他的产权制度，没有形成对人们经济行为有效的产权约束。人们的乱砍滥伐活动是毋须付费的，人们从中得到的收益是明晰的、归属到个人的，而造成的损失以及破坏则是虚置的、无个人归属而最终要由全社会共担的。在这种情况下，林业资源的悲剧就难以避免。每个人出于自身利益最大化的考虑，他们最有可能选择的不是保护性使用林业资源，而是竞争性或掠夺性使用林业。所以伊春国有林区出现了小学生将父亲职业登记为“偷木头”、为采摘价值十几元的松塔而将经济价值数千元、生态价值社会价值难以估量的红松拦腰砍断等现象。

在说服每个林业职工主动自觉去保护森林的可能性极小的情况下，政府的最佳选择是供给林业职工排他性的林业产权，把林业资源的林木所有权与林地经营权交给林业职工。在排他性产权确立的条件下，公有资源细化成一块块私有财产，每个职工都拥有了自己的物质利益，精心呵护属于自己的林业财产，最大限度地使其增值，从而根本上消除了破坏林业资源的现象，基本遏制了“公共地悲剧”的重演。

4.1.2.2 排他性产权与私人财产保护

私人财产的保护是生产和生活的不竭动力。著名经济学家W·阿瑟·刘易斯说，经济增长要靠人的努力，而除非保证人们努力的成果由他们本人或他们承认其占有权的人获得，否则他们将不会做出努力。确立排他性产权，将有利于对这种努力成果即私有财产的保护。

排他性产权为人们的经济行为提供了最有力的约束。排他性的存在，使得财产使用上的所有外部性都被内在化了，消费者会精打细算自己的消费支出，生产者会千方百计节省成本开支，经济效率由此提高。

排他性的确立是私人财产的典型特征，也是实现有效保护的先决条件。早在2000多年前，亚里士多德就说过，人们对和他人共同拥有的东西总不如对只有自己拥有的东西那样关心。财产私人所有者总是密切关注自己财产使用情况，想方设法确保自己的财产保值增值，竭尽所能避免财产遭到损坏、滥用或错用。政府提供的法律制度也将为私人财产权提供强制性的保护。

进行国有林权改革，就是将林地经营权和林木的所有权和处置权赋予林业职工。林业职工一旦开始承包经营，林业资源的产权归属便准确界定并依法明确认定，就具有了排他性，承包者便会千方百计确保自己的林业资源财产的完整。为了自己的经济利益，承包者会以科学的、积极的、负责的态度保护这片资源，壮大这片资源。不仅如此，即使承包者并不期望亲自从林业财产的未来收益中获利，排他性产权制度也会鼓励所有者考虑子孙的利益而使其延续与发展。

4.1.2.3 排他性产权与价值预期

德姆塞茨说："产权是一种社会工具，其重要性在于事实上它能帮助一个人形成他与其他人进行交易的合理预期。"

预期是对人们的经济行为产生重要影响的因素和力量。凯恩斯发展了经济学的心理分析，提出三个心理法则，即边际消费倾向法则、资本边际效率法则、流动偏好法则，并且将投资需求不足最终归因于资本边际效率法则和流动偏好法则。毫无疑问，企业家进行投资决策时，面临的是不确定的前景，理论上说，他没有赖以评估未来的客观手段，也缺乏保证不利结果不致出现的实际工具。那么，实践上，他又是凭借什么做出投资或不投资的决定的呢？凯恩斯认为，在这里，预期是决定性的因素。他说，企业家要作两方面的预期，资本资产的收益预期与供给价格预期；贴现预期收益与预期供给价格比率的大小，左右着一项投资决定是否做出。这个比率大于1，投资或继续投资才有利可图，投资或继续投资行为才会发生。

建立排他性的产权，有利于物品的产权人建立一种价值预期，从而有利于其投入努力去改善物品的性能，从而提高物品的价值。进行国有林权改革，将林木的所有权和林地的经营权承包给林业职工，一定五十年不变。这是一个长期的承诺，也是以政府的信誉作担保、以合同的形式加以约束的承诺。在这五十年里，林业职工有权处置林木资产，有权在林下经营各种植物。这将有力地提升林业承包者的预期，从而鼓励并推动承包者加大对林业资源的投入，并确保承包者理性处置自己的名下林业资产。

4.1.3 构建可交易的产权

所谓产权的可交易性，是指财产在不同所有者之间的转移。产权的可交易性，不仅有助于产权主体自主地拆分、组合各种财产权利关系，灵活地选择各种有效的组织形式，促使资源根据市场需求在全社会自由流动，提高资源的配置效率，而且赋予产权主体以自由退出权，一旦交易主体的利益受到损害，他就可以通过转让资产来行使退出权，保护自身的利益。

产权的可交易性是确保国有林权改革顺利进行的重要先决条件。

4.1.3.1 可交易性产权与资产评估

独立、客观、公正、科学的资产评估，既是国有林业资产管理部门加强国资监管，防止国有资产流失的一项重要措施；又是投资者和所有者在林业产权交易中实现公平交易的有效办法，对培育林权交易市场，搞好林业资本运营都有着积极的现实意义和深远的历史意义。

实施国有林权制度改革，推动林地承包经营，必须坚持对国有资产保值增值高度负责的精神，按照国家规定的森林资源资产评估指标体系和操作规程，对每一宗承包林地，均由指定的资产评估机构进行客观、准确地评估，评估报告必须经相关林业主管部门核准后，方可实行有偿承包转让。

在资产评估工作中，既要坚持林业资产价值的绝对性和客观标准，尽可能地限制主观因素，同时也要充分考虑产权交易有关各方的特殊性以及产权交易的环境因素，确保资产评估为产权交易服务，为国有林权改革服务。评估工作要做到公平、公正、公开，经得起历史的检验，经得起市场的检验，也经得起群众的检验。

4.1.3.2 可交易性产权与产权交易平台

产权交易平台是实现产权交易顺畅进行的基础与前提。

国有林权改革的一个创造性举措，就是建立活立木市场。通过建立活立木市场，把林木、林地资产变成资本，资本进入市场，实行活立木市场流转，突破了“前人栽树、后人乘凉”的概念，变成当代人栽树，当代人就能马上受益；突破了过去只有把林子砍了才能实现价值的概念，开创了国有林区活立木增值、活体流转，经济效益、生态效益并行不悖、共赢双收的先例。

活立木市场的建立是林业产权交易平台的一项重要的基础性工作。但是随着国有林权制度改革的深入进行与全面推开，产权交易平台的建设依旧是任重道远。要致力于把林权交易市场建设成一个信息畅通、服务完备、管理规范的林业产权综合交易平台。既要有全国性的总的交易平台，也要有各地根据实际情况设立的分平台，统一调度，统一配置，统一管理。平台应采取“产权项目交易与实施相结合，网上市场与网下市场相结合，国内交易与国外交易相结合，日常展示与专题推介相结合，项目推介与项目需求相结合”的形式，以求达到信息沟通迅速、交易科学规范的目的。

4.1.3.3 可交易性产权与产权交易对象的多元化

林业产权交易对象的多元化，是国有林产权交易顺畅的保证，也是国有林实现快发展、大发展的必要条件。

林业产权交易对象多元化的实现，关键是要从产权层面放宽林业的准入限制，在更大的范围内推行股份制，吸收各种资本的参加。

推进国有林权制度改革，首先要吸收林业职工参加这次改革。一方面通过改革充分发挥广大职工的积极性和创造性；一方面通过改革提高广大职工的生活水平。国家决定开展伊春国有林权制度改革试点，本身就带有明显的对国有林区职工补偿的特点。因此，前期改革试点，必须坚持做到承包主体全部为普通林业职工，外部投资者暂不进入，而且各级领导干部也不能参与，不能“与民争利”，更不能私留山林。同时，还必须充分考虑林业职工的现实承受能力，承包价格的确定要做到既参考市场价格又确保职工能够接受，通过采取拖欠工资抵顶、抵押贷款、分期付款、林业局借款、股份合作经营等多种形式，确保所有有意愿的职工都能买得起，让普通职工拿到“原始股”，让普通职工通过林权改革率先脱贫致富。

随着国有林权改革的逐步深化，在照顾林业职工利益的基础上，要致力于通过产权交易市场吸纳民间资本和境外资本，重组国有林资本。允许有实力的民营企业参股林业，一方面可以释放民营资本长期积累的投资能量，另一方面有利于林业吸收各种管理模式的精华。国外林业企业经历了多年的市场化运作，积累了丰富的运营经验，进入中国后可以为国有林区注入新的生机和活力，要在改革逐步深化之后，有步骤、有计划地引入国外资本参与国有林权制度改革，但这要在确保国家生态安全的前提下加以推进。

4.2 国有林权制度改革的基本思路

国有林权制度改革的思路设计，就是以林业价值分类经营理论为指导，将国有林之一部分采取国有产权的形式，以生态价值为经营目标，国家为经营主体，经营形式以国家森林公园、无人区为主，经营形式主要有国家森林保护区、封山育林、多种形式的森林承包管护等；国有林之一部分采取私人产权的形式，以经济价值的增值为目标，个人为经营主体，采取承包经营，外来投资等形式。其中，把国有林进行产权主体置换，充分发挥个人对经济价值的本性追求，把国有变为民营，构建清晰的、排他的、可交易的产权，通过产权市场，推动产权交易，从而在推动林业经济价值增值的同时，实现林业的经济价值、生态价值与社会价值的共同发展，是国有林权制度改革的重点。

实施国有林权制度改革，落实到具体操作的层面，可以表述为：远封近分，三林流转，大力发展民有林。按照“远封近分、三林流转、大力发展民有林”的模式，大部分仍然保持国有国营，对林农交错、浅山区相对分散、零星分布的易于分户经营的部分国有林，由林业职工实行家庭承包经营，把林地的经营权、林木的所有权和处置权全部交给职工，一定50年不变。在承包经营期内，可以转让、继承、变卖，可以参加保险，可以抵押贷款，切实做到"山定主、林定权、树定根、人定心"。随着改革的深化，扩大承包主体范围，引进战略投资者，丰富投资形式，从而使得国有林区实现科学发展，林业的三大价值实现共同增值。

4.2.1 远封近分的机制设计

"远封近分"，是对国家负责经营生态价值、个人负责经营经济价值的林业价值分类经营理念的具体落实，是构建明晰的、排他的、可交易产权制度的基础和前提。

4.2.1.1 远封近分的内涵

根据林业价值分类经营理论，国家应对林业的生态价值负主要责任，私人应对林业的经济价值负主要责任，两者各得其所，各司其职。

远封近分，是对林业价值分类经营理论的现实表述，是对国有林进行改革的现实操作。远封近分，是在空间分布上划分国有林的生态与经济价值的界限。就是在空间格局层面，将有利于生态价值增值、不利于经济价值实现的部分，继续实行国有国营，采取封山育林、建立森林公园、无人区等形式，追求生态价值的增值，为国家的生态建设作出贡献。相对应，把有利于经济价值实现的部分，纳入改革的范畴，交给个人经营，以追求经济价值的实现和增值为基本的经营方向。

远封近分是林业所有制的合理布局。国有林长期以来实行的单一国有制，在生态价值和经济价值经营上严重错位，使得国家两者不能兼顾，林业的生态功能和经济功能双双受挫，事实证明已经严重阻碍了国有林区可持续发展。根据国家生态建设的需要和科学发展观的要求，根据林业价值分类经营理论，国有林应采取公有、民营兼顾的所有制形式。在林业的生态建设上要侧重公有制为主，国家负责；在林业的经济创建上要侧重以民营为主，重视发挥个人、企业的积极作用。

远封近分是产权清晰化的重要保障。封的主体是国家，国家肩负着生态价值，国家是生态价值的真正主人、责任主体，通过公有产权的形式在国有林权制度改革中发挥着不可替代的、不可混淆的作用。分，就是要把个人、企业等作为林业经济价值的主人、责任主体，采取私人产权的形式，调动个人、企业等对林业经济价值的作用，实现经济上的发展。

远封近分是林业系统功能的分置和深化。森林是地球之肺，承担着重要的生态功能，保护森林，就是保护人类自身。森林还承担着重要的经济建设的任务，满足人类的经济发展和社会生活需要。在这两方面实现协调发展，合理分工，是国有林系统功能得以充分和有效发挥的重要基础。远封近分，正是在空间地理方面为林业系统的合理分工实现了有机的组合，实现扬长避短。

4.2.1.2 远封近分的标准

远封，是国家负责，生态建设为主，实现长期利益为主；近分，是个人和企业为主，经济建设为主，短期利益为主。

就目前现状而言，国有林整体来讲是单一的公有制形式。根据远封近分的要求，一方面要在远山区建立无人区、国家公园，实现“远封”的理念；另一方面，也是更重要的方面，就是要把一部分森林资源纳入改革，纳入市场经营体制，分给林业职工、企业以及战略投资者，实现“近分”的目标和效果。这是理论的重点，也是改革的重点。

远封近分，既是经济学上的理论问题，也是国有林权制度改革首先要面对的实践问题。推行远封近分，在表面上的空间地理概念背后，孕育着丰富的政治、经济和生物学标准，具体而言，基本标准有三：

(1)经济性标准。这场以经济价值经营为出发点和动力的改革，林木资源的经济性标准是最基本的标准。就是进入改革视野的，交由职工和投资者进行经营的林木资源，必须在经济规律上是可行的，市场中是被认可的，经济利益上是可观的。众所周知，越远离市场的森林，其商业利用价值就越低。还有，越临近都市的林地，其被砍伐的可能性也越高。除了政策的影响，林地位置的经济考量也是影响林业发展的重要因素。一般说来，越靠近市场，林业的商业化开发潜力越大，越有利于经济价值的经营和实现；相反离市场越远，在逐渐远离市场的过程中，基础设施越不足，则成本就越高，林业的经济价值潜力越小，而生态保护、生态价值经营的潜力则越大。随着林地位置的变化，林地和林木的收益与成本出现此消彼长的效果。当成本超过收益时，林业的经济价值经营将不再有利可图。相反，不利于商业开发、经济经营的林业则更加有利于保护，更适合作为生态价值来交予国家经营。

（2）生物性标准。指的是进入国有林权制度改革范畴的森林资源在生物学上必须有相应的特殊规定，主要表现为对树的品种、树龄等要作具体要求。例如美国在评估“可商业化”林地时，往往是先随机抽取一块林地，然后用非常严格的生物学标准对此块林地进行考察。一个通常采用的官方标准是：如果一棵树自基部起高 4.5 英尺(约 1.37m)处的横截面直径大于 11.5 英寸(约 29.2cm)，那么它就可以作为商业木材。例如我国的伊春，出于对“活化石”红松林的社会价值的尊重和保护，红松林是不应进入改革范畴的，而落叶松、杨树等普通树种进行改革是值得大力提倡的。这些都是出于生物学的标准而对“远封近分”的森林资源加以适当的调整和约束。

（3）政治性标准。森林是国家重要的战略资源，对于国家的生态建设、对于国家的经济建设都具有举足轻重的作用和影响。国有林权制度必须基于国家整体的战略需要，基于经济社会发展的战略要求。这是我国任何改革当然的前提，国有林权制度改革也不例外。

4.2.1.3 远封近分的程序

远封近分的操作过程中，根据经济性、生物性和政治性的标准，合理划分国家及个体的林业经营范围，严格遵循以下程序：

（1）区划界定。由具备一定资质的林业调查机构对拟“远封近分”地块进行调查、区划，标明区划名称、地理坐标。

（2）明晰权属。拟进行远封近分的森林资源必须具有完备的林权证书。属于国家经营的森林资源应归国有，属于分给个人进行经济价值经营的森林资源应办理有效的所有权转移，并给予原所有权人相应补偿。

(3) 行政审批。根据森林资源的管理级别和涉及到的管理部门申请行政审批，以保证“远封近分”、所有权转移的合法性。

(4) 资产评估。对确定“近分”、转让的森林资源依据法定程序和要求进行评估，以确保国有资产的价值。评估结果要报国有资产管理部门审批。

(5) 合理确定底价。底价应以评估价为依据，并考虑资源所有者收益、管理费用及投资回报率等因素综合测算而定。

(6) 坚持公开招标。不论采取何种具体“近分”方式，都必须坚持公开招标，引入竞争机制。

(7) 签约。要制定详尽的国有森林资源所有权转让合同文本，明确权利义务。

伊春国有林权制度改革试点所推行的“远封近分”改革思路，就是根据了林业的经济性、生物性和政治性标准，将浅山区农林交错区、次生林地、造林失败地等分给职工个人，以经济效益为主，远山的林区由国家管理，通过封山育林、规划无人区、建立自然保护区等形式，保证未进行改革的大片国有林地林木质量的提高，以确保国家生态安全的需要，为国家提供生态保障。“远封近分”的改革大体分三步走：一是把1985~1993年林业职工造的“自费林”、“工资林”划归职工所有；二是从2000年以后，凡是个人造的林都归个人所有；三是把国有林当中的一部分分给职工，把国家林地的经营权、林木的所有权、林木的处置权交给职工个人，林权50年不变。目前，已经“近分”了8万hm^2试点，今后还将逐步扩大试点范围，最终拿出四分之一左右的林地包给职工个人经营管理，其他的林区继续实行“远封”，归国家作为生态价值进行经营。

4.2.2　三林流转机制设计

“三林流转”，是要解决林业产权的交易问题，进而解决林业经济价值实现形式单一僵化，林业经济价值和生态价值、社会价值相冲突的问题。

诺贝尔经济学奖获得者——科斯在产权制度三条定律中指出：各种生产要素总是向能够产生最大效益的方向流动，林业产权同样如此。林业产权的交易和流转，是确保森林资产得以有序流动，资产所有者和经营者实现利润变现，从而确保国有林产权制度改革得以有效推动的重要环节。只有交易才能进行产权的分离、分割和重组，才能达到配置高效的目的，也只有通过交易才能寻找到有能力、有动力行使产权的当事人。

三林流转，有两个层面的含义：从广义来讲，就是将森林、林地、林木进行有偿流转；从狭义来讲，也是从这次林权改革的具体内容来讲，是把林地的经营权、林木的所有权、处置权在所有者和经营者之间横向流动，初期表现为国家将林地及林木权利全部交给职工，一定50年不变，期间可以转让、继承、变卖。以后将表现为职工与职工、职工与投资者之间的产权流动，最后将表现为在资本市场上的有序交易。产权的流转，既调动了投资者和经营者的积极性，符合资本运营的规律，同时它也是确保在追求经济价值实现的同时，保证生态价值和社会价值同步发展的重要条件。

4.2.2.1 森林资源产权交易市场的作用

建立产权交易市场，推动林业产权的流转和交易，是国有林权制度改革成功的重要保障。森林资源产权交易市场主要由森林资源所有权市场和森林资源的使用权或开发权市场构成。

（1）森林资源所有权市场。由两级构成：一级市场是森林资源的所有权出让市场。在这种市场上，国有资产管理部门把森林资源所有权售出去，具体方法可以采用全部出售、部分或比例出售及折成股份出售等办法。在保证不危及国家生态和经济安全的前提下，出售的对象可以多元化。二级市场是森林资源所有权的交易市场。在该市场上，森林资源所有者（包括从一级市场取得所有权者）对森林资源所有权进行交易。该市场对于资源富集的不发达地区意义重大，他们可以将静态的森林资源转化为资本，提高林业经济的货币化程度，解决林业资本稀缺与经济发展的矛盾。

（2）森林资源的使用权或开发权市场。由两级构成：一级是出让市场。在该市场上，森林资源所有者将使用权或开发权出让或出租，以收取地租或出让费。二级市场是使用权交易市场。在该市场上，取得使用权的企业或个人再把使用权转给别的企业或个人，在这里只是两个使用者之间的关系，而前者则是所有者与使用者之间的关系。

林权制度改革不能仅仅停留在林权的初始界定，产权明晰到人到户或其他经营实体还只是开始，更重要的是产权能够进行交易，实现流通，真正发挥市场在资源配置中的基础性作用，从而保障产权的合法权益、现实权益和长期权益。因此必须建立林业要素市场，其主要作用：

（3）丰富了林业经济价值的实现形式。在林区，林业经济价值和生态、社会价值的经营主体和经营方式是大不一样的，两者似乎存在着不可调和的矛盾。从林区发展实践中似乎也印证了这种冲突和矛盾，表现为两种悖论："砍——卖——实现经济价值、同时破坏了生态价值"；"不砍——不卖——实现生态价值、但限制了经济价值的实现"。国有林区在砍与不砍之间、经济价值和生态价值之间始终无法找到一条双赢的道路。国有林权改革破解了这一难题，实现了经济价值和生态价值、社会价值的共同发展。通过国有林权制度改革，建立产权交易市场，推动产权交易，丰富林业经济价值的实现形式，是实现私人实现经济价值同时也能够提供生态价值、社会价值的重要途径。长期以来，林业经济价值的实现形式唯有砍伐一途，市场上卖"尸体"，别无良策。经济价值实现形式的原始、单一和僵化，直接导致了经济价值与生态价值的相互对立，无法共存。破解这一难题的关键就是实施产权制度改革，就是以产权为桥梁，以市场纽带，推动林业产权的自由交易，把林木、林地资源变成资产，变成资本，通过资本运营，资本流转，丰富林业经济价值的实现形式，也就是不用砍树卖"尸体"也实现经济价值，从而实现林业的经济价值与生态价值相互转化，相得益彰，共同发展。以此为基础，个人的经济追求与国家的生态追求实现了有机结合，职工在承包之后为自己造林，为自己创造经济利益，同时，也在为国家创造生态效益，为国家营造了一片青山，职工造林积极性和国有林区营林事业融为一体，实现了经济发展与生态建设的共同发展，共同繁荣。国有产权制度改革从经济价值的经营作为切入点，借助产权交易这个模式和平台，实现了经济价值和生态价值的共存和共同发展，是本次国有林权改革的重要内容，也是重大突破。

（4）促进林木林地价值的提高。森林资源产权市场建成后，林权流转将更为顺畅，并通过交易信息的广泛发布，招投标交易过程的规范化管理，有效地促进林木林地价值提高。

（5）建立了林业贷款信用平台。通过为林权证抵押贷款提供完善的抵押登记服务，有效化解了金融机构开展该项贷款业务的风险，为银行资金大规模进入林业生产领域奠定了基础。

（6）推进林业主管部门的职能转变。森林资源产权市场建成后，林业主管部门的管理职能将适时转变，围绕执法、服务和管理三大职能，加强森林资源产权市场建设，实现政府职能部门由以管理为主向以管理和服务并重的转变。

4.2.2.2 森林资源产权流转的范围

1998 年 4 月 29 日第九届全国人大常委会第二次会议通过的《中华人民共和国森林法》第十五条规定：“下列森林、林木、林地使用权可以依法转让，也可以依法作价入股或者作为合资、合作造林、经营林木的出资、合作条件，但不得将林地改为非林地：①用材林、经济林、薪炭林；②用材林、经济林、薪炭林的林地使用权；③用材林、经济林、薪炭林的采伐迹地、火烧迹地的林地使用权；④国务院规定的其他森林、林木和其他林地使用权。除本条第一款规定的情形外，其他森林、林木和其他林地使用权不得转让。具体办法由国务院规定。”2000 年 1 月 29 日国务院第 278 号令发布实施的《中华人民共和国森林法实施条例》对森林法的这条规定没有进一步明确和细化，森林、林木和林地流转的单行法规至今还没有出台。2002 年 8 月 29 日第九届全国人大常委会第二十九次会议通过的《中华人民共和国土地承包法》规定：“农村土地承包采取农村集体经济组织内部的家庭承包方式，不宜采取家庭承包方式的荒山、荒沟、荒丘、荒滩等农村土地，可以采取招标、拍卖、公开协商等方式承包。”因此，现行法律规定三林流转的范围是用材林、经济林和薪炭林林地（含其采伐迹地、火烧迹地）和宜林地（荒山、荒沟、荒丘、荒滩等）使用权，而防护林、特种用途林林地等均不得转让。

随着经济社会的快速发展，原有的一些法律规定已不适应新形势的要求，现行法律对林地流转范围的规定已落后于林业生产实践，目前，不仅用材林、经济林和薪炭林等商品林林地使用权可以流转，除关系国家生态安全的重要生态公益林地及自然保护区内需特别保护的林地等外，其他林地如风景名胜区、森林公园、江湖库区周围、山区水土保持区的林地及其采伐迹地、火烧迹地、残次林地和退耕还林地、疏林地和宜林地均应划入林地流转的范围。

根据林业价值分类经营和“远封近分”等理念纳入国有林权制度改革的林地、林木相关权利，尤其是已经进行了承包的林地使用权和林木经营权、处置权，应该纳入“三林流转”的范围，这是国有林权制度改革的基本内容，也是改革顺利推进的基本前提。

4.2.2.3 森林资源产权流转方式

所谓的森林资源产权的流转是指在不改变林地所有权和林地用途的前提下，将森林、林木的所有权、使用权和林地使用权按一定的程序，通过一定的方式，有偿地由一方转给另一方的经济行为。主要有以下几种具体形式：

（1）竞价拍卖。通过竞价获得林地经营权和森林以及林木的所有权和经营权。经营者出资买断一定年限的国有林地经营权和林木的所有权，按要求自主经营、自负盈亏，一次性或分期上交经营权拍卖转让金或保证金。对经营收益，在交纳税费后，其余归经营者所有。在市场机制作用下，拍卖森林、林木和林地使用权，使林业资源得到优化配置，最大限度地解放和发展了林业生产力。

（2）租赁经营。将森林、林木和林地实行公开招标等形式，租赁给林场所或社会上有经营能力的单位或个人营林、造林，经营单位或者个人根据租期年限，分期支付或者一次性支付林地租金。这种形式，林地所有者只拥有林地所有权，收取林地使用费，其他权利均归林地租赁者，租赁者从经营中获取收益。

（3）股份合作制与股份制经营。林场所职工之间自愿组合，以森林、林木和林地、劳力、资金入股，联合开发，按股分红；外商企业以资金或技术入股，林场或林场职工以林地、管护入股，股份合作办林场经营，按股分红；社会各界投资创办林业合作社，投入荒山开发经营，收益按协议分成；以森林资源为主要经营对象，依法组建股份有限公司，完善法人治理结构，将林地等森林资源评估折股资产化运营，股票上市等。

（4）协商转让。森林、林木和林地使用权拥有者在征得林地所有者同意的前提下，将剩余使用年限的林地使用权及林地上的林木和其他附着物出让给个人或单位，受让方向出让方支付转让金，取得森林、林木和林地使用经营权，并履行出让方与权属所有单位的承包合同，一次性或分期交付林地使用权转让金，林地所得收益除缴纳有关税费外全部归经营者所有。

（5）承包经营。即由个人或企事业单位承包国有林地的使用权和林木的所有权，上缴承包费后，承包者享有对林地的使用权和对林木的处置权。

（6）转包。经过中介，愿意转出方与愿意转入方经协商一致，签订转包合同，明确转包期限和双方的权利义务，转入方要承担有关税费，并给予转出方一定的经济补偿，达到双方互利。

（7）互换(置换)。一些林业职工承包的林地比较零散，有的形成插花地，有的地块之间距离较远，经营起来很不便，经营者之间通过协商，按面积或地类互换，以便连片经营。

（8）转制。对于属于国家的现有林木或林地，可以部分甚至全部引入民营机制，实施公有民营。经营者必须按照永续利用的原则，在当地林业主管部门的监督和指导下，严格按照所商定的协议经营这些林木、林地。经营者按照协议分期向国有林地所有或管理单位偿还其先期投资，并缴纳林地资源占用费等费用。

(9) 抵押。根据《中华人民共和国担保法》第 34 条的规定，对依法承包并经发包方同意规划为林地的荒山、荒丘、荒滩等荒地的土地使用权进行抵押。

4.2.3 大力发展民有林机制设计

“大力发展民有林”，是要解决国有林产权主体单一、投资渠道狭窄、资金投入不足的问题。

国有林的可持续发展取决于林业投资的可持续注入。在国家投入渠道单一、投入乏力的困境下，如何保持投资渠道畅通，丰富投资形式，增加投资主体，是国有林实现可持续发展的重要前提，也是国有林权制度改革的重要内容。

大力发展民有林，表现为在国有林权制度改革中积极经营林木的经济价值，大力引入社会资本、境外资本，改变林木的所有权和处置权性质，充分发挥社会资本和境外资本的逐利本性，敞开林业的投资渠道，进而推动国有林的快发展和大发展。

多年来我国林业取得了长足的发展，尤其是近年来，国家每年以25%以上的增长速度加大对林业的投入，体现了国家致力于追求可持续发展，走生产发展、生活富裕、生态良好的文明发展道路的坚定决心。但是，目前政府投资林业在满足度、投资结构、投资渠道的稳定性等方面还存在问题：生态建设任务相当繁重，政府投资林业尚需加大力度；政府投资林业缺乏稳定的渠道，与公共财政职能不相称；不同的林业经营主体不能公平享受政府对林业发展的扶持；林业产业发展的融资渠道狭窄，与市场经济不相适应；林业投资标准的制定不合理，与实际情况不完全符合。

从实际情况来看，当前国有林投资以政府投资和社会公益性投资为主，市场引导的产业发展性投资只是辅助部分。前者具有社会公益的性质，需要政府作为投资主体，是政府发展社会事业的一个重要组成部分；后者则具有商业盈利性质，主要应该由企业、个人通过市场化的投融资过程完成。未来林业投资的模式，应该是二者的组合。因此，国有林投资体制改革面临的首要问题是国家继续增加对林业生态价值和社会价值方面的投资，减少对林业作为经济价值性质方面投资活动的参与，调动和激励社会多元化投入发展林业的经济价值部分。

4.2.3.1 拓宽林业投资主要途径

（1）建立林地承包经营发展基金。本着取之于林、用之于林的原则，提取一部分国有林权制度改革收取的林木资产流转费和林地承包经营费，设立专项发展基金，以无息借款的形式，重点支持改革后职工的后续经营，解决职工造林、抚育、低改和发展林下经济资金不足的问题。

（2）积极争取国家财政资金。国家财政宏观调控作为一种重要的财政手段，为林业创造良好的投资环境有着重要的意义。一是国家应建立相应的机制，使任何造林者都可以根据造林实际业绩获得相应的补助。如对某些特定地区的林业活动给予特殊的补贴，对遭受意外灾害的经营者给予临时的补贴。补贴的比例从25% ~100%。如：美国每公顷造林补贴最高达222美元，日本对造林国家补贴30%，修筑林道国家补贴60%。英国为鼓励发展用材林，对造林费、抚育费每年补贴25%直到收益期。二是国家应通过预算，对林业实行长期贴息或低息贷款政策。如法国造林贷款年利息为0.25% ~1.5%，借还期为30 ~50年，瑞典的低息贷款年息为3%。

（3）通过贷款筹集资金。金融机构贷款是最基本的融资手段之一，它较其他形式而言，具有融资成本低，手续简便，到位及时等优点。在当前林业进入迅速发展期时，向金融机构贷款是一个必要的趋势。尽管目前金融机构的信用、抵押担保等机制不够完善，但它仍有助于解决非公有制林业发展中的资金短缺问题。一是国家应鼓励金融机构向林业投资者开放信贷业务，并采取一些措施，适当放宽贷款条件，让所有的金融机构都参与林业贷款业务的竞争，这样才能有效地调动金融部门扶持林业生产的积极性。二是金融机构对非公有制林业在贷款政策上应与公有制投资主体一视同仁，适当放宽贷款担保和抵押条件，允许非公有制林业业主以林地使用权或活立木资产做贷款抵押，适当延长还款年限。

(4) 积极探索林权抵押贷款的多种模式。一是以林权证(林地经营权和林木所有权证)直接抵押贷款。林权所有者持林权证直接向金融机构申请贷款，凭森林资源资产评估机构出具的评估报告书与金融机构签订贷款合同。二是金融机构+民间担保公司+经营户。吸纳林地承包经营者入股，成立民间担保公司，经营范围为贷款担保，服务对象为林地承包经营户。被担保经营户需按贷款额的20%向公司缴纳保证金，并以林权证等作为反担保。以林木资产抵押的担保贷款额度最高不超过其资产评估时的60%。三是金融机构+信用平台+经营户。吸收林地承包经营者参加，成立“林业信用建设促进会”。该会是集贷款、推介、林业技术、市场信息、联保贷款、林权抵押等中介服务于一体的法人社会团体。政府设立贷款风险基金，并在委托贷款行开立专户，为贷款人向银行贷款提供补充担保。经营户需以促进会风险基金担保贷款额的10%存储风险金，并以林权证作为抵押物，为抵押权人提供反担保。林权抵押率为林权评估值的50%，林权评估价值每年年审一次。

(5) 通过碳汇交易吸引国外资金。近年来，森林碳汇市场越来越被人们关注。《京都议定书》生效后，通过在发展中国家实施清洁发展机制(CDM)下的造林、再造林碳汇项目获取碳信用，以履行《京都议定书》承诺的减排义务，正在受到发达国家的关注。森林固碳项目和碳信用贸易迅速增加。碳汇市场到2007年价值达800亿欧元左右。巨大的而且日益增长的碳汇市场为为我国的国有林权制度改革、为我国的国有林的可持续发展带来新的机遇。我们要积极开展CDM碳汇林业项目，引入国际资金、技术，使其积极参与到我国的国有林业产权制度改革中来，形成合力，共同促进我国国有林的可持续发展。

(6) 引进战略投资者。在改革进入成熟阶段后，要大力引进社会资本和境外资本，特别是加大对战略投资者的引入，朝着林业规模经营的方向发展。

4.2.3.2　林业投资的激励机制设计

国内外经验表明，市场经济条件下发展民有林政策的顺利实施是以投资者自愿为前提的，而非政府的行政手段可以达到的。这需要政府充分利用市场机制，通过优惠的补贴政策和税收政策，使投资者在发展民有林过程中确实得到实惠，形成积极主动发展的机制，从而形成国家(宏观)目标与投资者(微观)目标的激励相容，推进林业的可持续发展。

(1) 实行长期的财政补贴。发展林业的主体应是广大投资人，在市场经济条件下，他们是按照市场法则经营决策的，而不是按照政府计划来经营。只有在投资的预期收益高于预期成本时，他们才会投资林业。因而政府只能顺应市场规律，只有通过政策引导，才能激发广大投资者发展林业的积极性，才能保持其持续性。在我国目前林业投资回报率较低、投资环境不够理想的情况下，应实行适当的长期的财政补贴政策，以提高林业投资者发展民有林所必需的收益。

(2) 改善林业投资环境。政府应该通过相应的制度安排和政策措施，改善林业投资环境，形成经营民有林的激励。要根据改革的进度，在政策层面适时调整，减少直至消除国有林投资的主体歧视，积极吸引社会资本和境外资本投资国有林。

(3) 实行股份合作制和产业化经营。实施林权制度改革以后，发展民有林将会产生分散经营与统一市场的矛盾。为了克服上述不利因素，政府应通过政策引导，鼓励投资者走股份合作制和产业化经营的道路，以入股的方式将各自经营的林地集中起来，统一规划，科学经营，通过专业化分工和要素的优化配置，实现规模效益，应对市场风险。

4.3 国有林权制度改革中应把握的若干原则

为保证国有林权制度改革的核心价值理念得到切实保障，应切实遵循以下改革的基本原则。

4.3.1 坚持以人为本的原则

科学发展观的核心理念就是以人为本。国有林权制度改革是实现国有林科学发展的重要手段，也是内容之一。以人为本，就是要在推进国有林权制度改革过程中，坚持统筹兼顾，协调处理好改革进程中的各种利益关系，特别是要把民生问题放在首位，维护好广大林业职工的根本利益。改革为了职工，改革要依靠职工。一方面通过改革充分发挥广大职工的积极性和创造性；一方面通过改革提高广大职工的生活水平。在改革的初期阶段必须坚持做到承包主体全部为普通林业职工，外部投资者暂不进入，而且各级领导干部也不能参与，不能“与民争利”，更不能私留山林。同时，还必须充分考虑林业职工的现实承受能力，承包价格的确定要做到既参考市场价格又确保职工能够接受，通过采取拖欠工资抵顶、抵押贷款、分期付款、林业局借款、股份合作经营等多种形式，确保所有有意愿的职工都能买得起，让普通职工拿到“原始股”，让普通职工通过林权改革率先脱贫致富。总之，要最大限度地让利于职工，充分调动职工参与改革，营林、护林的积极性。改革的总体目标就是让林子长起来，职工富起来，林区强起来。林子长起来有个过程，林区强起来有个过程，首要的目标还是让职工得到利益，让职工富起来。这也是衡量改革成功与否的重要标志。

4.3.2 坚持生态优先的原则

森林是陆地生态系统的主体，是地球之肺，具有重要的生态价值、经济价值和社会价值。我国森林面积1.75亿hm^2，森林覆盖率18.21%，森林蓄积124.56亿m^3。我国国有林在森林资源中占据主导地位。国有森林面积占全国森林面积的42.16%，国有森林资源蓄积占全国森林资源蓄积的69.56%。实现国有森林资源的可持续发展，对于国家的经济发展、社会进步和生态建设，具有重大意义。21世纪，生态安全是林业建设的主要任务，以生态建设为主的林业发展思想不能有丝毫动摇。由于森林可再生速度缓慢，所以在国有林权改革中，必须把生态优先作为一条根本原则，对每一块承包经营的林地都要科学设计好经营方案，正确引导和规制承包者的经营行为，坚决避免突击采伐，坚决避免林地用途的改变，坚决避免营林面积的缩小和林分质量的下降。要通过林权制度改革，推动国有林区走出“越穷越砍、越砍越穷”的恶性循环的怪圈，实现森林资源的休养生息，达到森林覆盖率不断提高，森林蓄积不断增长的目标。

4.3.3 坚持改革收益资金不流失、国有森林资产保值增值的原则

国有森林资源是社会主义制度的重要物质基础，是国民经济的重要支柱，是全面建设小康社会的重要力量。在林地承包经营过程中，必须坚持对国有资产保值增值高度负责的精神，按照国家规定的森林资源资产评估指标体系和操作规程，对每一宗承包林地，均由指定的资产评估机构进行客观、准确的评估，评估报告必须经相关林业主管部门核准后，方可实行有偿承包转让。对改革收益，要严格按照规定进行收取，及时足额上缴财政，专户存储，统一支配，用于社会保障体系建设，用于林区基础设施建设，用于林业职工营林发展基金。任何单位不准截留，不准挪作他用，确保国有资产不流失。

4.3.4 坚持公开、公平、公正的原则

“公开、公平、公正”是对体制改革的规范要求。“公开”就是要求林权改革的过程与结果必须公开透明，阳光操作；“公平”就是保证林权改革覆盖、惠及到试点林场(所)的全体职工家庭，只要职工有承包经营意愿，就千方百计保证他们拥有一块属于自己的林地；“公正”就是坚持在改革的过程中严格操作，严肃法纪，坚决防止徇私舞弊。对承包经营林地综合信息、参与承包者自然状况、承包竞拍结果等，必须向群众公示，对发现的偏差要及时纠正，对暗箱操作、以权谋私、破坏公平的坚决严肃处理。

4.3.5 坚持积极有序、配套推进的原则

林权改革决不能单打一，必须积极有序地做好相关配套工作，才能确保取得预期的效果。要加强与金融部门的沟通，积极探索林地经营贷款的多种有效方式和途径，拓宽承包经营者的融资渠道。为顺应改革的深入推进和市场发育发展需要，还要适时建立市级活立木交易市场和区(局)级林权制度改革服务中心，全力满足承包经营者的信息、技术、

法律咨询等方面服务以及下步林地经营权和林木所有权依法有偿流转的需求，真正形成完善配套的林权改革保障体系，最大限度地释放改革效应。

4.4 国有林权制度改革中要妥善处理好的若干关系

林业的复合系统特质，决定了国有林权制度改革同样要用系统的视角来推动。在国有林权制度改革过程中，要切实把握好如下几方面的关系。

4.4.1 妥善处理公有制经济与非公有制经济的关系

公有制为主体、多种所有制经济共同发展，是我国社会主义初级阶段的一项基本经济制度。党的十六届三中全会提出，要完善国有资本有进有退、合理流动的机制，增强国有经济的控制力。在国有林权制度改革中，要通过封山育林、规划无人区、建立自然保护区等形式，始终保持国有林成分依然占据主导地位，始终保持国有林在森林资源领域中的控制力，以确保国家生态安全的需要，确保社会主义现代化建设的需要。

同时，不失时机地引入社会资本，积极发展非公有制林业。一方面，重点鼓励林业职工参与改革，从职工转变成投资者，从根本上明确其产权主体地位，实现营林职工“家家有其山，户户有其林”。另一方面，随着改革试点的逐步扩大，随着国有林权制度改革的不断深化，积极鼓励各种社会主体以及国外有关方面关注和投资国有林，逐步走家庭林场、股份制经营的路子，最终实现林业经营的集约化、规模化。要进一步明确非公有制林业的法律地位，建立“产权明晰、权责明确、保护严格、流转顺畅”的现代产权制度，确保谁造林谁拥有，谁投资谁受益。

4.4.2 妥善处理经济发展与生态建设的关系

正确认识和妥善处理经济发展和生态建设的关系，是林业实现可持续发展的基础和前提。长期以来，国有林经济发展与生态建设似乎存在着不可调和的矛盾。反映到价值层面，表现为经济价值与生态价值的相互对立，非此即彼，无法共存。推动林权制度改革，就是要以产权为核心，以责权利相统一为根本，实现林业经济发展与生态建设相互依存，相互转化，相得益彰，共同发展。

要大力推动经济价值与生态价值的责任主体的分置，形成个人关注经济，国家重视生态的良性格局，林业责任主体各司其职，各得其利，使个人的经济追求与国家的生态追求得以有机结合，使职工的造林积极性和国有林区营林事业融为一体，职工在承包之后为自己造林，为自己创造经济利益，同时，也在为国家创造生态效益，为国家营造一片青山，从而实现经济发展与生态建设的共同发展，共同繁荣。

4.4.3 妥善处理政府与市场的关系

进行国有林权制度改革，应坚持主要依靠市场机制，遵循市场经济规律，运用市场经济手段，同时发挥政府规划引导和政策导向作用。

要在观念和行为上彻底摆脱对传统计划经济体制的依赖，加快市场化进程，确立市场机制在资源配置方面的基础地位。要通过建立活立木交易市场，积极推动林业产权的自由交易，把林木、林地资源变成资产，变成资本，通过资本运营，资本流转，彻底突破过去那种只有把树木砍掉才能实现其经济价值的传统模式，努力追求经济价值与生态价值的和谐统一。要充分重视资本、技术、管理、人才等生产要素的地位和作用，拓展其运行空间，顺畅其流动渠道，激发其经济活力，使其进一步服从服务于国有林权制度改革的需要。政府要避免走“主导一切、包办一切”的老路，把职能真正转到为市场主体服务、创造良好的环境上来，特别是要切实维护好公平竞争的市场规则，激发职工和其他社会主体参与改革、创造财富的积极性，保护好市场主体的合法权益，确保改革进程的平稳顺畅、改革成果的巩固扩大。

4.4.4 妥善处理产权改革与各项配套改革的关系

实施国有林权制度改革，是对国有林区长期固守的单一国有国营管理体制的重大突破，是解决国有林体制性矛盾的第一步，也是关键一步，为国有林区最终解决资源性、结构性、体制性和社会性四大矛盾、走出“两危”困境闯出了一条新路。但是，国有林权制度改革解决的是国有林区体制性矛盾的核心问题，并不能解决国有林区的一切问题。在积极探索和推进林权制度改革的同时，还要不断推动相关的各项配套改革，不断破解体制性矛盾中的其他问题。

林权改革是主体，配套改革是保障。要以全方位的视野和积极进取的精神推动各项配套改革，真正形成完善配套的林权改革保障体系，确保林权改革与配套改革相辅相成，整体推进，最大限度地释放改革效应。为此，要积极探索适应市场经济运行规则的国有林区行政、经济管理新体制，加快政企分开、剥离企业办社会步伐；全面加快林区产业结构调整，推进经济转型，重点发展优势特色接续替代产业；逐步深化森工企业改革，加快森工企业的体制创新和机制创新；不断完善社会保障体系。

4.5 本章小结

本章构建了“明晰化、排他性和可交易的”国有林权制度改革的目标产权模式，设计了“远封近分、三林流转、大力发展民有林”的国有林权制度改革的基本思路，在此基础上，对国有林权制度改革必须要把握的原则和改革过程中要妥善处理的若干关系作了深刻的分析。下一章将对国有林权改革的支持系统作深入的分析和设计。

第5章
国有林权制度改革的支持系统

国有林权制度改革是一项复杂的系统工程，需要社会各个方面的支持，尤其需要政府、法律以及社会保障体系的支持。这些支持，是国有林权制度改革得以顺利推行的保障。

5.1 国有林权制度改革的政府支持系统

新制度经济学制度变迁理论为分析政府职能提供了一个有用的视角，这一视角对于研究政府在促进经济发展的职能定位上同样有重要的启迪作用。由于我国的经济发展处在一个经济转轨的时期，市场体系虽然已经基本建立，但完善程度尚有不足，基于这样一个现实，政府职能的定位应该是类似于四小龙的“强政府”，即政府应该主要承担秩序供给与制度供给职能。政府必须不断地转变职能，通过不断的制度创新为其进一步发展提供良好的整体社会环境和制度安排。对于改革所引起的既得利益的重新分配、人们思想认识的转变，政府要尽快转变原有的职能来引导改革所涉及的各利益主体来适应新的环境。

5.1.1 林权制度改革中的政府职能定位

从新制度经济学的角度来看，林权制度改革中的政府职能的合理性在于政府在强权方面的天然优势——对全体成员的普遍性的强制力。下面分析一下这些职能包含哪些方面，其中又有哪些特殊性。

(1)制订市场规则，维持市场秩序。其核心是界定和保护产权，这是政府在市场经济中的首要职能，也是新制度经济学所关注的核心内容，正如诺斯所说的："离开产权，人们很难对国家作出有效的分析。"产权本质上是一种排他性的权力，在市场经济中，商品的交换实质上是产权的交换，没有明确的产权，商品交换就无法正常进行，市场将长期处于混乱状态，根本就不可能产生有效的功能。可见，明确和受到保护的产权是市场经济运行的基础。政府不仅要界定和保护有形物品(如财产)的产权，也要界定和保护无形物品(如知识)的产权。有效地界定和保护产权，明确市场上每一个行为主体的权、责、利关系，是产生激励、提高效率，促进经济发展的重要源泉。如果一种经济资源没有明确的产权归属，谁都可以任意使用，就不存在商品交换关系，就没有市场激励，就不需要市场经济制度。政府只有对各种经济资源作出排他性的权利安排，才能维系市场的"生命"。虽然依靠私人势力或民间组织如"讨债公司"、"家族势力"、"黑帮团伙"在一定范围内和一定程度上也能实现对产权的界定，但这样做的结果是不仅社会成本很高，而且会造成极大的社会不公，最终将导致市场失效，影响经济发展。所以，对林业产权的有效界定和保护只能由政府来承担。

为此，政府必须制定一系列旨在确定排他性林业产权的制度规范及可转让的交易规则，并通过行政机构、执法机构和司法机构的工作保证产权规则的实施。

在国有林权制度改革过程中，政府"主持人、引路人"的角色尤为明显。由于林权初次从政府转移到承包者手中，产权界限相对模糊，这就必须有政府从中进行协调，进行产权界定，明确权利素中各元素的所有者。由于林权改革的目的是要让林地流转起来，进行活立木交易。因此，也需要政府制定相应的交易规则来规范交易行为。政府在这一过程中要由原来的所有人、收益人转变为规则制定人、分配人。在改革初期，政府的部分既得利益要流失，但从长期来看，林权改革所带来的经济增长会增加政府收入，弥补这一损失。因此，林权改革后的收益也是引导政府进行改革、职能转变的动力。

(2)矫正外在效应，提高经济效率。所谓外在效应或外部性（externality)，按照经济学家贝格、费舍尔等人的看法，是指“单个生产决策或消费决策直接地影响了他人的生产或消费，其过程不是通过市场”。也就是说，外在的效应不能通过市场机制自动削弱或消除，这意味着有些市场主体可以无偿地取得外部经济性(external economics)，而有些当事人蒙受外部不经济性(external diseconomics)造成的损失却得不到补偿。前者常见于经济生活中的“搭便车”现象，后者如工厂排放污染物会对附近居民或其他企业造成损失，对自然资源的掠夺性开采和对生态环境的严重破坏等。这类外在效应难以通过市场价格表现出来，当然也无法通过市场交换的途径加以纠正。通过社会道德教化固然能够使之弱化，但作用毕竟有限。只有通过税收或补贴政策或行政管制，才能使外部效应内在化，最大限度地减轻经济发展和市场化过程的外在效应，保护自然资源和生态环境。

相对于林业来说，由于林业除了具有经济效应外还具有社会公益性，因此林业具有外部正效应，可以说，发展林业是有百利而无一害。由于这种外部性不具有排他性，不能通过付费来满足承包者利益最大化的要求，长此以往，承包者的积极性会被打消，不利于林业的可持续发展，林权制度改革也不能取得预期效果。因此，对于这种利国利民的产业发展，国家要给予一定的政策性补贴才能积极引导承包者进行林业生产。

(3)提供公共产品，发展基础事业。按照萨缪尔森的定义，公共产品是指那些在消费中具有排他性不强或排他的费用很高特征的物品，即供给它的成本与享用它的效果并不随人数规模的变化而变化，某人对该商品的消费并不减少或干扰他人对同一物品的消费。如国防和治安，花钱的人与不花钱的人同样享受其好处。所以，典型的公共物品在市场上是很少有人愿意提供的，但它又是社会经济正常运行所不可或缺的。因此，只有政府来承担这个任务，这就为政府介入提供了客观依据。在现实社会中，市场经济的发展(市场的空间扩张)使社会经济联系越来越广泛，越来越密切。人们在广泛的社会经济联系中形成了一些共同的生产条件和生活条件，直接构成市场经济发展的基础条件。这些条件大多都具有公共品或准公共品的特性，于是不可避免地会产生如前所述的外部经济性以及由此而出现的“搭便车者”。更严重的是，既然人人都希望别人来提供公共产品，而自己坐享其成，其结果便很可能是大家都不提供公共产品。又如许多建设项目耗资巨大、投资回收期长，也很难进行排他性的产权制度安排。即使这些产品由私人提供了，也往往会出现供给短缺，不能充分满足市场交易和公众消费需要；或价格不合理，社会成本太高；或服务的覆盖面太窄，不利于形成整体社会效益。而缺乏必要的公共产品和基础性事业，便会大大降低资源配置的效率。因此，提供公共产品，发展基础性事业，政府责无旁贷，因为政府是行使社会公共权力的组织，只有它才能对社会成员进行征税。为此，政府需要直接兴办一些公共事业，或在政府的诱导和协助下兴办一些民间公共事业，或在政府的直接规制下采用市场手段进行公共事业外包，以满足经济发展的需要。

政府在林权改革过程中，要为承包者提供满足其生产需要的公共基础设施。由于公共基础设施建设投资成本高、建设期长、风险高，因此等待私人投资会造成公共产品供给不足，而政府进行公共基础设施的供给可以实现较大的边际效益。由政府为承包者进行公共基础设施的供给，会激励承包者更好地进行林业生产，同时也会吸引更多的承包者进行林地承包。

(4)主动供给制度，弥补制度短缺。正式制度安排变迁过程中会遇到外部性问题，即当一个制度安排被创造出来后，其他的个人可以模仿这种创新并大大降低组织和设计新制度安排的费用。因此，创新者的报酬将少于作为整体的社会的报酬，所以正式制度安排创新的密度和频率将少于作为整体的社会最佳量。同时制度的公共品性质又会导致群体行动中的搭便车问题，因为一旦制度安排被创新和建立，每一个受这个制度安排管束的个人，不管是否承担了创新和初期的困难，都能得到同样的服务。这也会减少在正式制度安排变迁过程中进行制度创新的激励。因此如果仅仅依靠诱致性创新来提供新的制度安排的话，那么一个社会中制度安排的供给将少于社会最优，社会可能会持续处于制度不均衡过程中，而在像中国这样的发展中国家，这种制度供需的矛盾会特别突出。这时，国家的干预可以弥补制度供给的不足，也就是由政府安排强制性的制度变迁。当然，政府也是理性人，只有某个制度安排的预期收益大于变迁成本，强制性制度变迁才有可能发生，这时政府应当及时推进制度创新，主动进行制度供给，弥补制度短缺。之所以说政府的制度供给对中国民营经济的发展十分重要，是因为我国是一个转型国家，政府的力量十分强大，市场力量相对较弱。在这样一个力量不均衡的博弈模型中，作为优势力量一方的政府的制度供给能力和意愿直接决定了中国经济市场化改革的进程。

另外，通过研究后发展市场经济国家(地区)的制度变迁，可以发现这些国家(地区)只用了短短几十年的时间就达到了西方社会几百年的发展水平。这得益于它们“发展导向型”的“强政府”以超常规的手段发动和推行经济改革的实践，这些国家(地区)的发展模式对我国的改革是很有参考借鉴意义的。因此作为转型国家的中国，在民营经济持续发展但仍有问题的现实约束中，由政府来承担秩序供给与主动制度供给的职能是有其现实意义的。这也构成了民营经济发展环境下政府职能的特殊性。

在林权改革过程中，政府的可利用资源就是政策。政府宜出台一系列保护林业产权改革的文件，对产权进行明晰的界定。通过政府主动进行制度供给方式，制度变迁的进程得到了加速，政府和承包者都可在较短的时间内获得制度创新的潜在收益。

5.1.2 林权制度改革中的政府职能调整

按照温家宝总理提出的经济调节、市场监管、社会管理、公共服务四项政府职能的要求，为配合林权制度改革顺利进行，政府应加快推进政府治理模式由管制型向服务型转变，进一步转变政府职能。重点理顺政府与企业、市场和社会的关系，加快政企分开、政事分开、政社分开步伐，基层能办好的、下级政府能做好的，都要放下去，逐步实行执法下移，赋予县区政府更多的职责。

林业是生态环境建设的主体，是可持续发展的基础，是现代化建设的重要组成部分。政府以建设完备的林业生态体系和比较发达的林业产业体系为目标，以林业价值分类经营改革为中心，突出结构调整，促进生态环境建设，推动林业经济发展。为此，为推动、配合林权制度改革，政府要在职能调整上，做到依法行政、统筹规划、把握政策、信息引导、加强管理、搞好督查、组织协调、提供服务，将部分权力下放到承包者手中，做到与承包者“分权而治”。

林权制度的改革，既是对产权的调整，也是对政府工作职能的调整。改革后，政府逐渐退出市场，不直接参与经济活动，而是转到幕后，以制定规则来规范市场、协调经济关系，将主要精力放在为各类市场主体服务和创造良好发展环境上，减少行政成本与企业投资成本。

随着林权改革的推进，政府要及时解决如下一些政策性问题。

(1)放宽放活承包经营的林木采伐、运输、销售管理。目前部分承包经营林地上的林木急需进行抚育和改造，但是国家对私有林的采伐限额指标没有单列，而且审批权限过高，审批程序繁琐，一旦涉及采伐，势必会在运输、销售和限额管理等方面带来一系列的难题。国有林权制度改革后，政府应充分考虑生产者的经营目的和市场因素，放宽林权改革后的采伐限额。政府可以简化采伐的管理手续，赋予国有林地经营者对活立木自主采伐的权利，并通过限制采伐方式，或者限制皆伐的面积，特别是重点监督伐后及时更新情况，来缓解商品林采伐可能对生态带来的不利影响。

(2)尽快发放林地承包经营权属证书。国有林区《林权证》只发放到森工企业局，参与林权改革的经营者只能用合同文本顶替《林权证》，承包经营者无法参与抵押贷款、森林保险等一切经营活动。由于林权证发放工作相对滞后，造成承包职工群众还有一定的顾虑和担忧。国家应及时对林权制度改革承包经营的林地权属及其变更认证下放，变一企一证为一户一证，按产权主体发放，实现规范化产权监督和管理，真正做到“山定主、林定权、树定根，人定心”。同时通过林木资源产权属证书抵押贷款，以解决承包经营户资金不足的问题。

(3)尽快启动活立木交易市场。林权制度改革不能仅仅停留在林权的界定上，产权明晰到人到户或其他经营实体还只是开始，更重要的是产权能够进行交易，实现流通，真正发挥市场在资源配置中的基础性作用，从而保障产权的合法权益、现实权益和长期权益。因此，对林地承包经营权和林木所有权在林业职工内部进行权属交易，以此来带动这部分资本的良性运营，把资源变成资产、变成资本、变成资金、变成职工的利益，有效化解林业经营周期长的投资风险，实现国有林历史上盘活活立木资产的突破。

(4)逐步完善森林保险机制。私有林木保险主要是防火保险，按年度计算，特点是保险险种单一，不能满足林业经营者的需求。目前还有很多险种没有开办，如森林病虫害险、林区多种经营生产中的各类保险等。另外，森林保险的承保、签约、定损、理赔等工作难度大，使得开展森林保险的费用远高于其他险种，森林保险的组织体系、经营范围、基金管理、费率制度、赔付标准等也缺乏法律规范。国家林业局应协调有关部门为林权制度改革实行政策性保险，有效规避经营风险。

(5)加快调整林业税费。林业职工承包的林地，生产周期长，见效慢，如果按税法中规定的“以每一纳税年度的收入总额，减除必要费用后的余额，为应纳税所得额”的话，应纳税所得额相对提高，显得极不合理。职工个人承包经营者还需先期投入资金，进行更新造林、森林抚育和森林保护。因此借鉴集体林权制度改革和发达国家林业税费政策，国家应尽快出台国有林权制度改革的税费政策，根据承包经营者的经营实际情况，合理计算林地承包经营者的个人所得税。

5.2 国有林权制度改革的社会保障体系支持系统

实施林权制度改革后，林区的社会保障工作将面临很多新的问题。一方面职工的主体地位发生了变化，有些职工既保留了林场所职工的身份同时还是林地承包户，有的职工则脱离国有企业，完全是林地承包经营户。这就需要随着林业产权制度的改变不断地调整和完善林区的社会保障体系。

5.2.1 国有林区社会保障体系构建原则

国有林区林权制度改革必须有比较完善的社会保障体系作为支撑，这样才能保障改革的顺利进行和取得实质的效果。林权制度改革后，社会保障体系的构建必须遵循如下原则：

(1)遵循国家有关法律法规。建立国有林区社会保障体系，涉及到千万林场工人的生活，涉及到林业的长远发展，涉及到国家社会经济的稳定运行和发展，特别是实施林权制度改革后，许多林业职工成为独立的林地和林木经营者，还有一些买断工龄的林业职工承包经营林地，因此在调整和完善社会保障体系的过程中，必须在国家政策允许的范围内进行，切实把考虑林权制度改革后承包经营户的实际情况，以有关的法律法规为指导，不得与之相冲突。

(2)适应基本国情，循序渐进的原则。我国现在处于并将长期处于社会主义初级阶段，这决定了我国国有林区的社会保障水平目前只能处于一个较低的层次上。林权制度改革后，随着产权主体的变化，社会保障的对象也将随之变化，需要有新的保障内容相对应。在适应基本国情的同时，还要根据林地承包经营户的实际情况，循序渐进，一方面不断提高保障水平，不能止步不前；另一方面有步骤、分阶段地进行，积极稳妥地推进社会保障体系的完善，不能急躁冒进。

(3)切实保障职工的基本生活，有效防范风险。林权制度改革后，要完善林区社会保障体系，既要从林场工人的生活实际出发，认真分析林场工人生活中存在的问题，更要充分照顾到承包户的具体情况，针对这些问题建立相应的社会保障体系项目，防止“求大求全”，力求切实保障林场工人的基本生活。

(4)考虑地区差异的原则。国有林区社会保障水平要与生产力发展水平相适应。由于不同林区的经济发展水平有高有低，生产力发展水平有先进和落后，不同林权制度改革地区的经济状况也不一样，这种发展的不平衡性决定了不同林区人口社会保障水平的多层次性，既要统筹兼顾，也要求同存异，具有灵活机制。

(5)公平与效率相统一的原则。按照效率第一、兼顾公平、机会均等、竞争择优的目标序列，充分利用国家已经建立起来的社会保障组织开展工作，比较各种方案，选择最适合的机构作为委托机构，为林权制度改革后的国有林区特别是林地承包户提供比较完善的社会保障。

5.2.2 国有林区社会保障体系的内容

林权制度改革后，国有林区社会保障体系(图 5-1)由国有林区最低生活保障系统、国有林区养老保险与特殊风险防范系统、国有林区医疗保险系统三个部分组成。

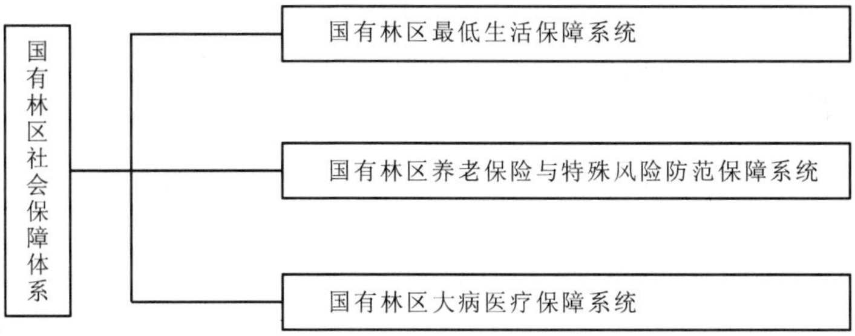

图 5-1 国有林区社会保障体系的主要内容

Figure 5-1 The main contents of social security system in state-owned forest region

5.2.2.1 进一步完善林权制度改革国有林区的最低生活保障系统

我国 18 亿亩耕地解决了 13 亿人口的吃饭问题，但几十年来，全国 43 亿亩林地一直没有解决好林区职工的生存问题，虽然在国家天然林保护工程实施后，这一状况得到一定程度的缓解，但林区“资源危机、经济危困”的局面始终没有从根本上得到解决，体制性、结构性矛盾依然突出，各种社会负担沉重，直接导致了森林资源的过量消耗，严重制约了国有林区的可持续发展。这样形势下，必须采取措施，切实保障其基本生活，让他们“先生存，后生产”，而不是“先生产，后生存”。

在国有林区社会保障体系设计时，首先考虑职工的最低生活保障问题，从他们的生活实际出发，设立国有林区最低生活保障系统。国有林区最低生活保障系统设立的主要目的是解决职工日常生活中可能出现的生活、生产问题，通过设立最低生活保障个人账户，林业局定期为职工存入一定数量的资金，职工可以根据个人需要定期提取，应对生活中出现的问题，如有盈余，还可以作为家庭的生产资金使用，在一定程度上解决生产资金不足的问题，有利于职工的生产生活和后续发展，帮助他们早日脱贫。实施林权制度改革以后，应该更加有效地做好林区职工的最低生活保障工作：

(1)要将符合条件的林区贫困人口全部纳入最低生活保障范围，做到应保尽保，并做好与其他社会保障制度的衔接工作。

(2)林区最低生活保障标准，由政府按照当地维持居民基本生活所必需的费用确定，既要保证贫困居民的基本生活，又要有利于鼓励职工再就业和劳动自救。

(3)林区职工最低生活保障所需资金，由各级政府列入财政预算，专户管理，专款专用。各级财政和民政部门要密切配合，保证资金及时足额拨付。全面推行低保资金专户管理和社会化发放工作，规范资金的筹措和使用监督。

(4)对林业企业改组、改制和产业结构调整过程中出现的特殊困难人群，以及国有企业下岗职工中家庭人均收入低于当地城市居民最低生活保障标准的，享受最低生活保障待遇。

(5)严格进行家庭收入调查。准确调查核实保障对象家庭经济状况、实际收入和实际生活水平，科学核定保障对象和补助水平。

(6)工商、税务、劳动保障、教育、卫生、城建等部门，要对享受最低生活保障待遇的人员，在再就业、子女就学、医疗、住房及基本生活设施服务等方面按国家规定给予政策扶持和必要的照顾。

(7)进一步建立健全最低生活保障的审批和管理监督机制。完善贫困居民个人申请，居委会调查申报，街道办事处核查，民政部门审批的最低生活保障审批制度，做到公开、公平、公正。

(8)积极发展服务于贫困家庭的基金会等非营利慈善机构。鼓励社会各界向贫困家庭提供法律援助、医疗救助，为贫困学生提供助学金。

5.2.2.2 进一步完善林权制度改革后林区养老保险和特殊风险防范系统

由于劳动能力下降或机会丧失，老年人不再具有稳定收入来源或收入明显减少，而表现为消费远大于收入。养老风险是客观存在的，每一个活着的人都将面临。国有林区目前的养老方式主要依靠传统的家庭养老模式。这种约定俗成的依赖子女供给的养老模式，总是具有一定的风险。国有林区人口由于文化素质较低，生产转型面临很大的风险，这又冲击着传统的家庭养老模式。职工的养老问题历来是职工最关心的问题之一，尤其当职工面临失去林地的可能时。外出打工者把林地交给其他家庭成员管理，虽然来自林地的收入不再是他们收入的主要来源，但林地仍然是他们在异地规避风险的“托底”手段。一旦失业或丧失劳动能力，他们在家乡还能有维持生活的承包林地。

由此可见，林地对于职工而言，不仅是谋生的手段，更是养老的一种保障。林权制度改革以后，带给职工最大的忧虑之一就是老年以后的养老问题。必须设立一个保障系统，来解决职工年老后的生活问题，解除职工的后顾之忧。因此，在设计国有林区社会保障体系时，也应当将林权制度后的养老风险考虑在内，通过设立相应的保障系统，帮助职工有效防范此类风险。

(1)调整个人账户规模，逐步做实基本养老保险个人账户。企业依法缴纳基本养老保险费，缴费比例一般为企业工资总额的20%左右，目前高于20%的可暂维持不变。企业缴费部分不再划入个人账户，全部纳入社会统筹基金。职工依法缴纳基本养老保险费，缴费比例为本人缴费工资的8%，全部计入个人账户。个人账户规模由本人缴费工资的11%调整为8%，采取逐步做实、增加积累的办法。按5%起步做实个人账户，所需资金由中央财政补助3.75个百分点，地方财政补助1.25个百分点。个人账户储存额的多少，取决于个人缴费额和个人账户基金收益，并由社会保险经办机构定期公布。个人账户储存额只能用于参保人员养老，不得提前支取。参保人员跨统筹范围流动时，个人账户及其储存额随同转移。参保人员死亡，个人账户储存额中个人缴费部分的本息余额可以继承。

社会统筹基金与做实的个人账户基金实行分别管理。社会统筹基金不能占用做实的个人账户基金。做实的个人账户基金由省级社会保险经办机构统一管理，纳入社会保障基金财政专户。省政府根据国家规定制定基金管理和投资运营办法，劳动保障、财政部门对基金管理和投资运营加强监督。中央财政补助部分由省委托全国社会保障基金理事会投资运营并承诺一定的收益率。地方财政补助部分由省按国家规定投资运营，并负责保值增值。

(2)改革基本养老金计发办法。基本养老金由基础养老金和个人账户养老金组成。参保人员达到法定退休年龄且缴费年限累计满15年的，基础养老金月标准以当地上年度职工月平均工资和本人指数化月平均缴费工资的平均值为基数，缴费每满1年发给1%。个人账户养老金月标准为个人账户储存额除以计发月数。计发月数按职工退休时城镇人口平均预期寿命、本人退休年龄、利息等因素确定。缴费年限累计不满15年的，不发给基础养老金，个人账户储存额一次支付给本人，终止基本养老保险关系。

基本养老保险制度建立前参加工作的人员，退休后在发给基础养老金和个人账户养老金的基础上，再发给过渡性养老金，过渡系数调整为1.2%。基本养老金领取者死亡后，其遗属按国家有关规定领取丧葬补助金，由基本养老保险社会统筹基金支付。

(3)规范基本养老保险参保缴费政策。在我国国有林区，各类企业及其职工、民办非企业单位及其从业人员、个体工商户业主及其雇工、自由职业者和灵活就业人员，要依法参加基本养老保险，履行缴纳基本养老保险费义务。将个体工商户、自由职业者和灵活就业人员缴费基数由当地职工平均工资的60%~300%统一为当地职工平均工资，缴费比例统一为20%，其中8%记入个人账户。

(4)保障未参保集体企业已退休人员的基本生活。未参加过基本养老保险统筹，经当地政府认定，已经没有生产经营能力、无力缴纳基本养老保险费的林区的集体企业职工，不再纳入养老保险统筹范围，其已退休人员本人由民政部门按企业所在地城市居民最低生活保障标准按月发放生活费；没有达到退休年龄且有参保愿望的职工，可按个体劳动者基本养老保险有关规定参加基本养老保险，按规定缴纳基本养老保险费，并最迟从建立职工个人账户时补缴基本养老保险费，原符合国家规定的连续工龄视同缴费年限。

(5)鼓励林业企业建立企业年金制度。有条件的企业可为职工建立企业年金，并实行市场化运营和管理。建立企业年金应具备三个条件：一是依法参加基本养老保险并按时足额缴费；二是具有相应的经济负担能力，生产经营比较稳定，经济效益较好；三是企业内部管理制度健全，已建立集体协商机制。企业年金基金实行完全积累，采用个人账户方式进行管理，费用由企业和职工个人共同缴纳，企业缴费在工资总额4%以内的部分，可从成本中列支。同时，鼓励开展个人储蓄性养老保险。

5.2.2.3 进一步完善林权制度改革后林区医疗保障系统

由于我国国力有限，目前只把城镇居民纳入医疗保险体系之内，而对林场工人的医疗则没有一个统一的保险体系。医疗是影响职工生活的一个大问题，很多职工由于生病而导致贫困，出现“因病致贫，因病返贫”的现象。

医学科学技术的进步，提高了医疗服务水平，但在保障和提高居民健康水平的同时，医疗费用大幅攀升，尤其是大病。高额的医疗费用支出，对职工而言，显然有巨大的压力。因此，医疗保障也是林场职工社会保障的一个基本面。本研究针对国有林区人口可能存在的医疗问题，设计了林权制度改革后林区医疗保障系统，在国有林区人口患病时给予一定经济援助，帮助其渡过难关，缓解由于疾病带来的经济困窘。

(1)认真贯彻落实《国务院关于建立城镇职工基本医疗保险制度的决定》(国发〔1998〕44号)，积极扩大基本医疗保险覆盖面，强化基金征缴。同时，完善政策，加强管理，方便参保人员就医。

(2)建立完善多层次医疗保障体系。实行林业职工大额医疗费补助办法，妥善解决基本医疗保险最高支付限额以上的医疗费用；有条件的企业可为职工建立补充医疗保险，提取额在工资总额4%以内的部分在成本中列支；建立和完善离休人员医药费保障机制和财政支持机制，妥善解决离休人员的医药费问题。

(3)妥善解决困难企业职工和退休人员的医疗保障问题。对不能足额缴费的困难企业，可通过降低缴费率先建立基本医疗保险统筹基金和大额医疗费用补助的办法，解决其大病医疗费用负担问题。对已实施和以后实施关闭破产的国有企业退休人员，要妥善安排落实其医疗保障资金并纳入统筹基金。

(4)加强基本医疗保险管理。各级劳动保障部门要强化医疗保险的基础管理，对医疗保险用药范围、诊疗项目、费用支出结构进行跟踪监测，适时调整相关政策和办法。建立完善基本医疗保险基金管理制度、预决算制度和监督检查制度，建立基本医疗保险基金风险预测和风险调节机制，不断强化医疗保险管理手段，提高管理质量和运行效率。

(5)各有关部门要加强配合，转变职能，同步推进基本医疗保险制度、医疗卫生体制和药品流通体制三项改革，实现“用比较低廉的费用提供比较优质的医疗服务”的改革目标。

(6)大力推进工伤保险工作。认真贯彻落实《工伤保险条例》，制定工伤保险条例实施细则和配套政策文件。搞好职业伤害和职业病的预防和管理，进一步扩大工伤保险覆盖面。对已认定工伤的职工，按照《工伤保险条例》及有关规定解决其工伤保险待遇问题。

通过上述三个系统，已基本能解决国有林区林权制度改革后林区职工生活中可能存在的贫困、养老、医疗以及特殊需要等问题。从职工的角度来讲(表5-1)，低龄人口的最低生活、教育、医疗等问题已能够基本解决；中、青年的最低生活、婚嫁、医疗以及养老等问题能够基本解决；老龄人口的最低生活、养老、医疗也能够解决。

表5-1　国有林区人口保障情况

低龄人口			中、青年			老龄人口		
最低生活保障	特殊风险防范	大病医疗保障	最低生活保障	养老保险和特殊风险防范	大病医疗保障	最低生活保障	养老保险和特殊风险防范	大病医疗保障

上述三个系统已经能够涵盖全部职工，并已将其面临的主要问题考虑在内。国有林区社会保障体系是对林区人民为林业发展做出贡献的一

种承认和补偿。

5.3 国有林权制度改革的法律支持系统

5.3.1 国有林权制度的法律缺陷

(1)现有林地流转相关法律制度。自改革开放以来，国家对森林、林木、林地流转制定了一系列政策和法律法规(表5-2)，对森林、林木和林地流转起到了一定作用。

表5-2 国家相关法律概况

年份	法律法规名称	内容
1987		国务院第一次提出了“土地使用权可以有偿转让”的政策
1988	《中华人民共和国宪法》	增加了“土地使用权可以依照法律规定转让”的条款
1993	《中华人民共和国农业法》	规定：“国有土地和集体所有的土地的使用权可以依法转让”
1993	《中共中央关于建立社会主义市场经济体制若干问题的决定》	规定：“允许土地使用权有偿转让。少数经济发达的地方，本着群众自愿原则，可以采取转包、入股等多种形式发展适度规模经营，提高农业劳动生产率和土地生产率”
1995	《国民经济和社会发展“九五”计划和2010年远景目标纲要》	明确“依法保护并合理开发土地、水、森林、草原、矿产和海洋资源，完善自然资源有偿使用制度和价格体系，逐步建立资源更新的经济补偿机制。”
1995	林业部、国家国有资产管理局制定下发了《关于森林资源资产产权变动有关问题的规范意见(试行)》	对森林资源所有权或使用权流转变动初步进行了规范
1998	《中华人民共和国森林法》	第十五条规定，用材林、经济林、薪炭林的林地使用权，用材林、经济林、薪炭林的采伐迹地、火烧迹地的林地使用权以及国务院规定的其他林地使用权可以依法转让，也可以依法作价入股或者作为合资、合作造林、经营林木的出资、合作条件，但不得将林地改为非林地

（续）

年份	法律法规名称	内　　容
2002	《中华人民共和国农村土地承包法》	规定："国家实行农村土地承包经营制度。农村土地承包采取农村集体组织内部的家庭承包方式，不宜采取家庭承包方式的荒山、荒沟、荒丘、荒滩等农村土地，可以采取招标、拍卖、公开协商等方式承包"，"耕地的承包期为三十年。草地的承包期为三十年至五十年。林地的承包期为三十年至七十年；特殊林木的林地承包期，经国务院林业主管部门批准可以延长"，"国家保护承包方依法、自愿、有偿地进行土地承包经营权流转"，"通过家庭承包取得的土地承包经营权可以依法采取转包、出租、互换、转让或者其他方式流转"
2003	中共中央国务院［2003］9号文件《关于加快林业发展的决定》	要求"加快推进森林、林木和林地使用权的合理流转，在明确权属的基础上，国家鼓励森林、林木和林地使用权的合理流转，各种社会主体都可以通过承包、租赁、转让、拍卖、协商、划拨等形式参与流转。森林、林木和林地使用权可依法继承、抵押、担保、入股和作为合资、合作的出资或条件。积极培养活立木市场，发展森林资源资产评估机构，促进林木合理流转、调动经营者投资开发的积极性"

(2)现有相关法律所存在的缺陷。推动国有森林资源产权制度改革与创新，对森林资源做出交易产权制度安排已成为法律面临的抉择。适应市场经济发展的需要，森林资源产权制度终究要向市场供给渐进，关键是法律要主动做出森林资源产权交易的制度选择与安排。产权是交易的产权，一项产权如果不被用来交易，就不会带来经济绩效与效率。法律对森林资源产权的安排不能固守于满足稳定、安全、公平的承诺，而应追逐森林资源产权绩效大于成本的制度目标，否则法律的资本作用就没有理性依据，而缺乏理性依据的制度再多，也不会推动经济增长与发展，因此我们必须在推动制度创新上下功夫。因为制度的创设并不是无代价的，无成本的。考虑到制度变迁的现实阻力，制度的创新更要慎重。当然，法律对森林资源产权交易制度的安排，应当是在可持续发展的经济理性的指导下进行的制度选择。可持续发展是兼顾公平与效率的发展，效率经常成为衡量可持续发展的硬指标。根据可持续发展的经济理性构建的法律制度就必然是突出追求森林资源效率的制度安排。然

而，产权效率是以产权交易为前提的。由于产权是排他性权利，产权支配的完整性就必然要求产权交易的完整性，因而也就决定了产权交易必须有所有权的交易，即完全物权的交易。《中华人民共和国森林法》尽管做出了森林资源产权创新性制度安排，但并未使森林资源产权制度发生实质性制度变迁，与可持续发展法律的制度要求尚有较大距离。因此，森林资源所有制与所有权等理论与实践的突破与创新已迫在眉睫。森林资源产权制度改革与完善应以市场调节为基础，以形成多元投资主体机制为目标，致力于在法律上保证投资者的主观努力与客观报酬成正比。这正是法律进行森林资源交易产权制度创新的根本性路径的选择。

5.3.2 国有林权制度改革中法律制度的调整方向

(1)完善现有的森林资源产权法规。在森林资源的有偿使用方面，应制定森林资源产权有偿使用和流转的法规，做到所有权和使用权流转法制化和规范化。同时还应规定和规范林木所有权有偿转让和森林资源资产化管理方法，完善林地资产评估机制。加强林权证的发放和管理，有效发挥林权证作为林木所有权和林地使用权的法律凭证的作用，维护森林、林木和林地流转后产权人的合法利益。

(2)建立森林生态补偿制度。承包者经营林业的经济价值固然是以赢利为目的，通过市场实现其价值，获得经济效益。然而经营者在进行经济价值经营的同时，也在释放氧气，也在为生态环境作出贡献。政府出于加强生态建设的需要，可以通过建立生态效益补偿机制对承包者进行经济补偿，以推动和鼓励承包者为国家的生态建设做出贡献。森林生态效益补偿制度要与林业价值分类经营相适应。国家应设立森林生态效益补偿基金，由林业行政主管部门负责管理。林业行政主管部门要按照法定程序和标准进行森林生态效益的评估和补偿金的发放，并监督补偿金进行专款专用。

(3)确定明晰的森林资源产权关系。通过法律明确界定林业经营主体，明晰权、责、利，正确处理所有权、使用权与经营权的关系，调动林业经营中各个环节的积极性。

(4)明确和保证森林资源产权人的权利。国有森林资源产权的主体是对森林、林木和林地享有所有权的国家。林权制度改革后，森林、林木和林地实现流转，国家对林地享有所有权，个人不仅对林地享有使用权，林木享有所有权和处置权，而且享有以下特殊的权利：森林采伐利用权、林内野生植物采集权、获得补偿权、投资权、继承权、流转权、担保抵押权。

(5)填补改革引起的法律空白。改革必然会引起既得利益的重新分配，在这一过程中会出现旧法律不能解决的问题。尤其是在林权制度改革中，以前集中在政府的权力一旦分配给各投资者，必然会引起一系列的矛盾和问题。如果法律不能及时解决出现的问题，势必会影响到改革的效果。如改革中涉及的资产评估、交易、抵押、保险等问题都没有完善的法律可以依据，另外还有一些问题有法可依但并没有具体的实施细则。因此制定新的适用于林权改革的法律法规势在必行。

5.3.3　国有林权制度改革法律具体实施措施

5.3.3.1　改进森林采伐限额制度

现行的采伐限额制度制约了社会资本投资林业的积极性。社会资本投资林业无疑是利国利民利己的事情，从所有权的层面考虑，社会资本投资林业所形成的林木应当属于投资者所有，他们完全可以按照自己的意志在不损害他人利益的前提下处理自己的林木，这是所有权的本义也是市场经济的本义。但是，在采伐限额制度下，社会资本投资所形成的林木也仍然要受到采伐限额的约束，投资者无法按照自己的意志行使自己的所有权和相应的处置权，客观上妨碍了投资者投资林业的积极性。中央电视台曾报道的陕西农民石光银联合当地100多户农民治沙造林，他们所造林木价值达3000多万元，但因为其所造林木大多是生态林，根本无法取得采伐指标，以至于连300多万元的银行贷款也无法偿还，陷入了守着金饭碗讨饭吃的怪圈。现在，伊春林区正在进行国有林区林权制度改革试点，将国有林区9.3%的商品林通过承包、拍卖等形式流转给林区职工经营，以激励非公有制主体参与林业建设，为国有林区发展趟出一条新路。在此过程中，投资者最担心的就是自己在经营期间受采伐限额的制约不能取得经营效益，增加营林的风险。2001年国务院以278号令发布的《中华人民共和国森林法实施条例》第三十三条已提出外资营造的用材林，实行采伐限额单列，给商品林经营开了一个小口，但不能根本解决问题。

适应林业发展的需要，应修改《中华人民共和国森林法》，将适应计划经济体制的采伐限额制，改为适应市场经济需要的采伐报告制。报告制在法律上和实际上承认经营者(林地使用权人)对自己经营的林地上造什么林、怎样造、怎样经营、何时抚育、何时采伐，采多少、卖给谁，都有决定权。在操作上，停止层层下达采伐限额和采伐指标，改为在采伐前由林权权利人向林业主管部门报告采伐地点、面积等，主管部门依法审查，如果合法就应该批准；在报告一定时间，如两周不予答复，就视同同意采伐；如果报告人的采伐不合法，主管部门就应对其进行说服，劝其改变。如果坚持采伐，法律后果则由报告人承担。在采伐限额制改为报告制以后，可废弃现在强制进行的采伐设计检尺、运输检查、销售、加工等众多环节的许可和审批。

作为过渡性措施，应该废止《中华人民共和国森林法》没有规定、限制或者剥夺林权权利人财产处理权的做法，如县级制定限额权利的限制，对抚育伐、主伐年限的限制，等等。制定出台《林权制度改革试点林木采伐管理办法》，对非公有制林业实行采伐限额单列，对人工商品林，特别是速生丰产林和短周期工业原料林的采伐年龄，由经营者自主确定，需要林木采伐更新时，由经营者申报，林管局审批，最大限度地放活承包者经营权。

5.3.3.2 制定森林生态补偿细则

现行《中华人民共和国森林法》已经对设立森林生态效益补偿作出了规定，但可操作性不强，在实践中并没有得到很好地实施，有必要重新制定一套与价值分类经营相适应的森林生态效益补偿制度。国家应设立森林生态效益补偿基金，由林业行政主管部门负责管理。林业行政主管部门严格按照法定的程序和标准进行森林生态效益的评估和补偿金的发放，并监督补偿金进行专款专用。

5.3.3.3 赋予经营者林地经营权以产权的完整形态

当前林地林权政策存在以下问题：

首先是森林资源产权界定不完全。主要表现在四个方面：①森林资源属于国家或集体，但这种所有权未延伸至草本植物和动物，使得药材、野生花卉及狩猎资源成为没有权属界定的共享资源，不利于森林资源保护与利用的完整性；②林木与林地割裂，林木可以为个人所有，但林地只能为国家或集体所有，没有林地的所有权，林木的所有权难以得到有效的保障；③国有林区《林权证》只发放到森工企业局，参与林权改革的经营者只能用合同文本顶替《林权证》，不利于经营者参与抵押贷款、森林保险等一切经营活动；④对于林木的所有权不包括处置权。

其次是森林资源产权缺乏相应的法律规范。以森林资源产权流转为例，森林资源使用权有偿流转的范围缺乏法律的统一规范，哪些可以转让，哪些禁止转让都不明确，如自然保护区的林木、防护林、特种用途林以及近几年兴起的森林公园等是否可以转让，也没有法律明确规范。

另外，关于森林资源使用权有偿流转的方式、程序以及转让双方的权利、义务和违约责任等皆缺乏明确具体的法律规定，使得操作起来较混乱。

针对林地林权政策上存在的问题，具体地讲应该采取以下对策：

(1) 革新森林资源产权制度。从现行的产权制度改革入手，通过建立和完善森林资源管理制度，进一步明晰森林资源产权关系，明确产权主体。在经营者获得林地使用权和林木所有权的基础上，使经营主体到位，充分尊重经营者的生产经营自主权，赋予其产品销售权和处置权，落实收益权。政府在行使林业管理权时要切实转变职能，不应过多地进行行政干预，而更多地应该扮演好服务者的角色，严肃处理侵犯森林所有者合法利益的行为，使森林资源产权得到保护。

(2) 制定森林、林木、林地使用权流转和抵押、担保办法，落实流转、抵押、担保权。对森林、林木、林地使用权的流转，《中华人民共和国森林法》已有原则规定，《中华人民共和国担保法》对用林木和林地使用权作抵押、担保也有规定。但由于缺少具体的可操作的办法，对一系列具体问题的处理还没有具体规范，因此在实施中确有一定难度。这对搞活森林资产，化解林业周期长很不利，对于用森林资产去融资也十分不利。为了保障林权制度改革的顺利进行，必须尽快制定和实施《森林、林木、林地使用权流转办法》、《森林、林木、林地使用权抵押、担保办法》、《森林资产评估办法》。

(3) 加强对森林资源产权市场的监督管理。建立严格的林权和林地使用权登记制度，对权属及其变更进行法律认证，林木、林地产权一经明晰，应抓紧颁发林权证，变国有林区一企一证为一户一证，按产权主体发放，实现规范化的产权监督。政府及森林资源管理部门要强化对森林和林地流转监督管理，监督森林和林地使用者由于经济利益的驱动而改变使用方向。

5.3.3.4 改革不合理的税费收取政策

林权改革后在税费方面主要存在以下问题：

(1)个人所得税征收不合理。税法规定："工资、薪金所得，以每月收入额减除费用1600元后的余额，为应纳税所得额；个体工商户的生产、经营所得，以每一纳税年度的收入总额，减除成本、费用以及损失后的余额，为应纳税所得额；对企事业单位的承包经营、承租经营所得，以每一纳税年度的收入总额，减除必要费用后的余额，为应纳税所得额"。林业职工承包的林地，生产周期长，见效慢，每一次木材销售收入所得，实际上是几年或几十年造林的投入、森林管护和采运木材的工资，如果按"以每一纳税年度的收入总额，减除必要费用后的余额，为应纳税所得额"的话，应纳税所得额相对提高，显得极不合理。

(2)育林基金收缴不合理。我国已实行社会主义市场经济体制，林业分类经营也已开始实施，商品林将按市场机制独立运行，商品林中提取的育林基金若继续用于公益林建设，是不合理的；无论对国有林、集体林还是私有林，都一概征收育林基金，这与社会主义市场经济条件下规范产权制度的要求相抵触。特别是国有林权制度改革后，流转森林、林地、林木所获收益全部纳入了育林基金，职工个人承包经营者还需先期投入资金进行更新造林、森林抚育和森林保护，如果再征收其育林基金是显然不合理的。

在开放的市场经济条件下，改革林业税费征收制度，是林业发展的现实要求，势在必行。其具体要求包括：

(1) 林业税费制度应考虑到林业生产特点。首先对林业应有一个科学全面的认识：一是破除森林无价传统观念。林业具有价值和使用价值，林木产品销售应遵循价值规律，进行等价交换。二是林业是再生资源，利用时要进行必要的补偿，以进行再生产。三是林业生产周期长，生产资金是多年投入，一次收回，因而风险很大，难以吸收其他部门资金流入。为了支持林业发展，国家财政和信贷机构应对林业资金投放给予必要优惠。四是凡得益于林业而发展生产的部门，如水利、煤炭等部门应对林业生产给予适当支持和补偿，并制止四面八方伸手向林业争利的现象。

(2)加快调整林业税费。一是降低或免征育林基金。对非公制林业实行更加优惠的政策；对经过承包、转让等形式获取经营权的商品林生产，应实行按木材销售收入5%征收育林基金的政策；而对于职工自己投资造林进行的商品林生产，应免征育林基金。二是合理计算林地承包经营者个人所得税。如第一次木材收入(不含流转收入)，应以以前经营年限为基础，扣减必要的费用后，确定年度纳税所得额。三是限期取消地方的不合理收费。

(3)充分发挥税收对林木调节作用。税收作为调节经济手段，要比价格及信贷更带有强制性、无偿性、见效快特点，因而灵敏度高，反应迅速。可以根据林业生产特点，通过“低税费”政策，保护促进林业迅速发展。另一方面对其木材消费应实行高税费，以此来调节生产。

5.3.3.5 健全森林保险保障体系

当前我国森林保险面临的主要问题：

(1)从保险业层面分析，赔付率过高，亏损严重。我国是世界上自然灾害最为严重的国家之一，平均每年发生森林火灾约1.35万起，受害面积73.71万hm^2，相当同期人工造林保存面积的20%～25%；森林病虫害所造成的损失更大，人们形象地称之为“不冒烟的森林火灾”。自1976年以来，全国每年的森林病虫害发生面积都在670万 hm^2 以上，约占全国现有森林总面积的1/18，超过每年造林面积的40%左右。同时，森林保险不仅风险大且保源不够集中，需求不明显，保险公司投入开发的成本高。而且森林保险的宣传、承保、签约、定损、理赔等工作难度大，使得开展森林保险的费用远高于其他险种。

(2)从投保人层面分析，承受能力很弱。一是林区经济不发达，制约了保险的需求。近几年来，林业经营者收入水平虽有较大幅度的增长，但相对于其他部门职工收入来说，仍处于较低水平。林区不少职工还处于解决温饱问题的阶段，保险的需求还没有上升到十分必要的层次。另外，国有林区森林出现资源危机、经济危困，不少企业有欠发职工工资的现象。企业对投保缺少积极性，这是森林保险展开难、收费难的重要原因。二是林业职工市场意识缺乏。林业生产正处于从传统林业向市场化转变的过程中，职工市场意识不强，对森林保险的必要性、迫切性认识不足，依然保留着旧的、传统的思想观念和侥幸心理。许多林业经营者对保险这一概念不理解，更没有长远的风险预防观念。对于林业经营者来说，把森林作为标的参加保险，无疑又增加了经营林木的成本。更有人认为搞保险加大了群众的负担，因而拒绝参加。认识上的障碍势必制约森林保险事业的进一步发展。三是险种单一，不能满足林业经营者的需求。森林保险和农业保险同属于政策性保险，所不同的是森林保险险种单一，只有单一火灾基本险一种，远不能满足林区防范多种自然灾害的要求。同农业险种已达100多个相比差距很大，目前还有很多险种没有开办，如森林病虫害险，林区多种经营生产中的各类保险。

(3)从法律层面分析，森林保险法律法规缺位。虽然国家以法律的形式规定了对农业保险的支持，同时将农业保险从商业保险中分离出来。但是，至今有关农业保险的相关法律法规仍未出台。我国目前还没有规范的农业保险法规，森林保险的性质得不到界定。森林保险的组织体系、经营范围、基金管理、费率制度、赔付标准等也缺乏法律规范。由于缺乏森林保险的相应法规，在实际操作中，缺乏操作依据。在实际工作中，林险经营机构的行为往往表现出随意性和盲目性。

(4)从体制层面分析，现行保险体制不适应森林保险发展的需要。由于林业在国民经济中的重要地位，森林产品具有外部效应，因此森林保险具有明显的公益性，属于政策性保险的范畴。而在金融体制改革后，中国人民保险公司要向商业金融机构转变，无论是原中国人民保险公司还是现在的中保财产保险公司，其主体机制都是商业性的，这种商业性的保险公司除了向社会提供保险服务之外，主要经营目标是追求企业利润最大化，而林险服务林业、保护林业和保本经营的政策性目标是与商业性保险公司的本质要求相悖的。因此森林保险在商业保险公司中不可能找到自己的发展位置和业务空间，也就不可能发展。政策性林险被长期禁锢在商业性保险公司的体制中，这是阻碍森林保险发展的根本原因。

(5)从政策层面分析，国家政策对森林保险支持力度远远不够。森林保险离不开政府的扶持。从总体上看，森林保险的经营是亏损的，但并不排除个别年份有盈余。国家在政策上对森林保险也缺乏应有的扶持，至今政府也没有制定出完整的鼓励农业保险的措施，虽然国家免除营业税，然而有节余的年份仍要上缴所得税，在税收政策上体现不出商业性保险与政策性保险的区别，对林险的扶持力度不够。地方政府常把商业保险公司开办的林险业务看作是保险公司自己的事，盈亏与其无关，因此对林险的政策支持力度不强。面对亏多挣少的森林保险业务，大大挫伤了商业保险公司的热情。

改革我国森林保险的对策：

(1) 要通过森林保险立法，明确森林保险由政府支持的政策，并以法律形式规范森林保险的经营主体、参与主体、受益主体的权利和义务关系。从我国林业发展的实际出发，科学界定森林保险的业务范围、操作办法、机构建制、资金投入、保障水平和管理规则等。

(2) 改革现行的森林保险在商业保险公司中经办的体制，依法设立专业化的中国农业保险(有限)公司。建立和完善适合中国国情的森林保险组织体系。首先，根据我国林业生产幅员辽阔，各地发展不平衡及森林保险自身的特点，在我国建立以合作保险为主体的森林保险组织体系。其次，应适时组建政策性林业保险公司，专门经办森林保险，按照政府制定的林业发展目标，有步骤地制定和实施国家的森林保险计划。由此使森林保险彻底与商业保险分开经营，摆脱商业保险公司制度对森林保险的限制，同时也使商业保险公司得以全面商业化经营。

（3）国家应对森林保险实行倾斜政策。中国作为一个发展中国家，对政策性的森林保险业务靠政府在财力上的支持是有限的，但在政策上的倾斜是现实的。政府对森林保险的扶持，应充分利用政策手段制定优惠、灵活的扶持政策，扶持森林保险的发展。如近期内可采取：免征森林保险业务的一切税费，加大保险组织自身的积累功能；放松放宽并且积极引导森林保险组织资金的运用，增强其资金的增值功能；在再保险方面提供优惠等措施。

（4）进一步完善森林保险机制。首先，单一火灾险种已经不能适应对森林培育生产过程多种性质不同风险防范的需要，除火灾险外，还应考虑设置其他意外自然灾害险种和人为意外损失险种等，为森林资源培育过程的连续性提供资金保证。第二，在保期确定上，充分考虑北方林业的季节变化，应积极探索由年保变为季保的做法，这样既客观实际，降低了保险费用，又防范了风险。第三，在保险费率和赔偿标准确定中，应充分考虑不同地区、不同林种、树种、林龄的差异性。既保证在林业生产者合理负担范围之内，又能保证保险机构的偿付能力。第四，通过不同保险组织形式的安排，调动保险人与被保险人双方的积极性，发展森林保险业。可以采取保险公司主办，林业部门投保；林业、保险两部门共保，责任和利益共同分担等多种形式，以促进森林保险业在我国的迅速发展。

5.4 本章小结

本章从政府、社会保障、法律等三个方面如何对国有林权制度改革提供支持做了深刻的分析和设定。首先对政府职能进行了重新定位，针对原有职能的不足，对政府职能进行相应调整；其次构建了国有林区社会保障体系的原则和内容；最后针对国有林权制度的法律缺陷，制定了林业法律的调整方向和具体措施。下一章将就根据前五章所论述的理论与模式进行社会实验，在实践中检验、丰富和发展以前各章的改革理论与改革模式。

第6章
伊春国有林权制度改革实践与评价

国有林权制度改革的基本理论只有在改革的实践中才能发挥其生命力与创造力。笔者作为伊春市市委书记，近年来致力于推动伊春国有林权制度改革试点的设计和推进，致力于在伊春国有林权制度改革的实践中落实其“远封近分、三林流转、大力发展民有林”的改革理念。伊春国有林权制度改革的过程，是笔者改革思想与改革实践不断融合的过程。

6.1 伊春国有林权制度改革实践

6.1.1 伊春国有林权制度改革的社会实验

伊春早于1998年就开始林权制度改革探索之路，经过多年的积极对上争取，终于在2004年4月被国家林业局批准为全国唯一的国有林区林权制度改革试点单位。2006年1月国务院第119次常务会议原则通过了伊春市国有林权制度改革试点的意见。2006年4月29日伊春市政府在乌马河林业局乌马河经营所正式启动实施中国有史以来第一次国有林区林权制度改革试点，开启了“三林流转”的历史先河，之后相继在经国家林业局批准的5个试点林业局全面展开，重点对已完成调查区划的急需造林的疏林地、无林地和荒山荒地先行进行了承包经营。

伊春市通过国有林区林权制度改革试点，尝试改变国有森林资源国有国营的单一模式，推进森林资源经营机制转换，建立森林资源统分结合的经营管理新机制，进而推进国有林区的全面改革。

伊春国有林权制度改革的主要对象是浅山区林农交错、相对分散、零星分布、易于分户经营的部分国有商品林，这部分国有林由林业职工家庭承包经营；而处于远山区的大面积、集中连片的公益林和商品林，仍由国家管理。按一沟一系一坡的自然界限，并结合森林经营区划，按每户5～10hm^{2}的规模，实行林地承包经营。林地承包经营期限不超过50年。

由伊春林业管理局委托试点单位（林业局）与林业职工签订书面承包合同明确双方的权利义务，对林地使用权和林木所有权归属，流转收益分配以及合同期满后尚未采伐的林木处置等事宜在合同中予以明确约定。

为保证承包过程的公开、透明和公正，国有林地承包经营分别采取拍卖、招标、协议等方式进行。林地承包经营按以下程序和主要环节进行：

（1）查清资源底数。不超过一个经营期（10年）的森林资源规划设计调查（二类调查）成果资料，可根据台账修正调查成果；超过一个经营期的，必须严格按照国家林业局颁发的《森林资源规划设计调查主要技术规定》（林资发[2003]6号），对其进行一次全面的二类调查，摸清资源底数。该调查成果形成后，由黑龙江省森林资源管理局审批，并报国家林业局备案。

（2）区划调查。拟承包经营地块的现场区划调查工作，由试点单位的林权制度改革领导小组（办公室）组织进行，由具备甲级以上林业调查设计规划资质的部门完成。区划以自然区划为主，但应充分考虑小班交通条件的相对独立。区划界线要挂号、实测，转、交点处设置永久标桩，标明区划名称、地理坐标，测线闭合差应小于1/150，小班面积精度应达到98%以上。

（3）编制经营方案。承担调查设计单位要以10年为一个经营周期，对每个调查区划小班编制科学合理、操作性和指导性强的森林经营方案。

(4)公开信息。当地林权制度改革领导小组(办公室)将区划完毕的森林资源信息张榜公告。

(5)提出申请。参加承包经营的职工向当地林权制度改革领导小组(办公室)提出书面申请，领取申请表，经确认其身份后，报送伊春林权制度改革试点办公室核准。

(6)签署意向协议。通过身份认定后的申请人与试点单位(林业局)签署林地承包经营意向协议，确认拟承包经营地块，报送伊春林权制度改革试点办公室申请评估立项。

(7)资产评估。森林资源资产评估必须由具有资质的资产评估机构，按照国家林业局、财政部制定的《森林资源资产评估暂行办法》进行评估，出具评估报告。评估报告由黑龙江省森工总局核准。评估结果的有效期为一年，超出时效应重新评估。

(8)竞价招标和协议商定。试点单位林权制度改革领导小组(办公室)根据国家有关规定对已经通过资产评估的地块通过拍卖、招标、协议等方式确定最终承包人。竞价招标和协议商定全过程由伊春林权制度改革试点工作领导小组监督。

(9)核查审批。当地林权制度改革领导小组(办公室)将最终受让人书面申请、个人基本情况表、承包经营林地位置图、承包经营林地现状调查表及其他有关材料核准后，报伊春林权制度改革试点办公室审核，由伊春林业管理局根据省森工总局核准的资产评估报告进行审批。

(10)公示。伊春林业管理局批准后的承包人、承包经营地块情况要在伊春林业管理局、试点林业局流转服务中心、试点林场(所)以及报纸、电视等新闻媒体公示15天。

(11)签订合同。张榜公布无争议的承包人、承包地块，由试点单位与承包人签订林地承包经营合同。

(12)确权发证。国家林业局委托黑龙江省森林资源管理局依据试点单位与承包人签订的林地承包经营合同，为承包人核发林木资产证书。

(13)建档备案。各试点单位要建立健全林地承包经营档案，报送伊春林管局森林资源主管部门建档备案，汇总后逐级上报备案。

目前已经完成8万hm^2的流转任务。取得林地承包经营权的职工，在经营管理上表现出空前的积极和踊跃，先期承包的林地，全部完成了造林和森林抚育管理工作，不仅没有发生林地逆转现象，而且造林面积还在扩大。一些林边开荒地、林内农田地，都被承包职工主动退耕还林，而且苗木长势良好，管护非常到位。

6.1.2　伊春国有林权制度改革的操作措施

6.1.2.1　建立高效的国有森林资源承包经营方式

(1)区划界定森林资源。规范森林资源区划方法，统一森林分类的原则标准，由具备甲级林业调查设计规划资质的单位完成对拟承包经营地块的森林资源状况的二类调查；在此基础上对森林资源区划界定，标注区划界线，转、交点处设置永久标桩，标明地理坐标；对林地划等定级，并组织专业人员进行现场认定。对拟承包经营的林地按林班、小班定位上图、建档立册。

(2)做好森林资源资产评估工作。按照国家林业局会同有关部门制定的《伊春林权制度改革试点森林资源资产评估管理办法》，由具有森林资源资产评估资质的评估机构，根据森林资源区划界定的结果，做好拟承包地块的森林资源资产评估工作，并出具评估报告，评估报告经省森工总局审核后，报国家林业局备案。评估结果有效期为一年，超出时效重新评估。

(3)组织职工进行林地承包经营。承包主体全部为普通林业职工，拒绝社会资金，各级领导干部不参与，不私留山林。国有林地的承包经营必须在评估后进行，在评估的基础上，试点林业局公布拟承包林地状况及承包基准价格；由拟参加承包经营的职工向试点林业局提出书面申请，试点林业局对其进行身份确认后，报送伊春林业管理局森林资源管理部门核准。试点林业局通过拍卖、招标、协议等方式确定承包经营人，并将承包结果进行公示。公示15日无异议后，由伊春林业管理局作为发包方与承包人签订林地承包经营合同。

(4)明确承包经营费用缴纳方式。为使这项改革试点惠及林场职工，采取灵活的缴费方式。有支付能力的职工可一次性付款，并享受适当的优惠；暂时支付有困难的职工可分期付款，或待有承包收益时延期付款。另外，也可采取银行贷款及用拖欠工资抵顶等方式缴纳承包经营费用，并在承包经营合同中予以明确。双丰林业局在这次试点过程中为伊春林改摸索出了许多好的政策，其中，为了保证“贫困层”能够承包到林地，他们实行了“企业内部无息贷款”，即对试点场所贫困职工划分了 2 个档次：“贫困户”和“特困户”，由工会组织负责评定向社会张榜公示。贫困户先交 30% 的承包款，特困户先交 10% 的承包款，其余欠款到有收益时再补齐。

(5)严格管理使用林地承包收益。按照国家林业局会同有关部门制定的《伊春林权制度改革试点森林资源资产收益管理办法》做好林地承包经营收益的使用和管理工作。试点期间，国有林地承包经营所取得的收益，上缴财政，纳入预算管理，全额返还试点林业局，主要用于支付拖欠承包经营职工的工资、承包期间职工养老保险、森林资源经营管理和国有林区基础设施建设等。

(6)做好承包经营纠纷的调处工作。在试点期间，由试点林业局和伊春林业管理局负责调处承包经营纠纷。

6.1.2.2 建立明晰的国有森林资源承包经营责任机制

(1)明晰承包职工经营权。承包职工依照合同约定享有森林、林木所有权和林地使用权，依法经营利用林木、林下植物资源。在森林经营方案的指导下，自主确定承包经营林地的经营方式与方法，自由参与市场竞争。承包职工对其正常生产经营活动及获得的收益享有行政或司法保护的权利。承包方转包所承包的林地，必须经原发包方书面同意。

(2)落实承包职工的责任。在承包经营期内，根据合同约定，承包职工必须保证林地不逆转、不变成非林地；必须及时更新荒山、荒地和采伐迹地；必须做好森林防火、森林病虫害防治工作；必须在取得经济效益的同时，兼顾森林的生态效益。除试点林业局负担森林防火和病虫害防治基础设施建设及按规定由国家承担的费用外，其他费用由承包经营职工承担。

(3)切实减轻税费负担。按照国务院关于国有农场税费改革的部署和相关政策，做好与国有农场税费改革的衔接，进一步减轻国有林场职工的税费负担。对现行的林业税费进行认真清理，合理的要保留，不合理的坚决取消。同时，依法制止和严肃查处乱收费、乱摊派等损害职工利益的行为。

(4)引导培育和合理利用森林资源。选择自然条件优越、林地条件好的地区，引导承包职工开展速生丰产林基地建设，试点林业局帮助做好总体规划和作业设计以及良种壮苗的选育等工作。加大森林景观及中草药、山野菜、食用菌等林下资源的开发力度，引导承包职工发展生态旅游、森林食品、森林药品等非林非木产业。

(5)做好承包经营的服务和指导。试点林业局建立集法律服务、政策咨询、森林经营、病虫害防治等内容于一体的服务中心。指导承包职工做好森林经营方案、协调林业贷款等服务。统筹做好林区道路等基础设施建设、统一指导承包职工做好森林防火等资源保护工作，为承包职工开展林业生产经营活动创造条件。引导发展家庭林场、股份制林场，组织公司+职工+基地的经营形式，支持职工以林地使用权、林木资源和劳力入股参与合作经营。

6.1.2.3 建立责权利统一的森林资源管理体制

(1)理顺森林资源管理路径。逐步把试点林业局的森林资源管理职能剥离出来，实行政企分开，赋予国有林业企业及林业承包者森林资源管理的职能，同时调动社会中介组织的积极性，实现各司其职，各得其利，建立顺畅的森林资源管理路径，从而提高森林资源管理水平。

(2)放活商品林经营。在符合林业总体规划的前提下，充分尊重经营者的意愿，允许其自主选择经营方式。人工商品林特别是速生丰产林和短周期工业原料林的采伐年龄由经营者自行确定。承包经营者的采伐指标，纳入试点林业局的限额管理。需要对承包经营的森林、林木进行采伐更新时，由承包职工申报，试点林业局审核，报伊春林业管理局审批。

(3)完善森林资源保护管理措施。进一步完善省内各级人民政府林业建设任期目标管理责任制，严格兑现奖惩。加大森林资源的监管力度，健全森林资源保护管理体系，采取最严厉的措施，坚决杜绝借改革之机乱侵滥占林地、乱砍滥伐林木的现象发生。

6.1.2.4 发展社会中介组织，完善社会服务体系

(1)推进建立各类经济合作组织。运用市场机制，引导职工自发成立各类经济合作组织。充分发挥经济合作组织的作用，为承包职工提供各类生产服务，不断提高经营水平。逐步推行统一品牌、统一质量标准，共同策划市场营销，提高职工抵御市场风险的能力。

(2)完善各类中介服务。引导建立森林资源资产评估机构，积极做好承包职工参与合作经营的森林资源资产评估；指导建立信息网络平台，拓宽信息渠道，为职工提供信息服务；逐步建立活立木交易市场，促进森林资源资产的合理流转。

(3)成立职工森林资源联防组织。把分散的承包经营职工组织起来，成立职工自律的联防合作组织，实行互助联防，加强巡山护林，防止盗砍滥伐森林，预防和扑救森林火灾，防止病虫害的蔓延。

6.2 伊春国有林权制度改革的评价

国有林权制度改革是我国经济体制改革的一个重要组成部分，是我国社会经济发生制度变迁的一个重要环节，是寻求一种效率更高的制度替代原有制度的过程。对伊春国有林权制度改革进行评价，有助于检验国有林权制度改革的理论基础的合理性与有效性，有助于国有林权制度改革目标的实现。

笔者从一名研究者的身份和角度，与国家林业局调查规划设计院、黑龙江省森林资源管理局、黑龙江省第二森林调查规划设计院等单位的12名专家，组建了专业调查队伍，共同对伊春国有林权改革的阶段性成效与目标进行了调查和评价。调查队伍分为5个外业调查工作组和1个巡视检查组，于2007年8月3日至21日开展了外业调查工作。选定

了5个林业局的5个林场(所)，抽取了208个林改小班和10个对比小班，在伊春林改办和相关林场(所)调查队的配合下，顺利完成了外业调查任务。

2007年8月底至2007年9月底，项目组对报表调查数据、遥感判读数据、现地调查数据、访问调查数据及相关资料进行了汇总分析，并编制和提交评价报告。

6.2.1　评价的原则、指标和方法

6.2.1.1　评价原则

伊春林业产权制度改革试点是党和国家针对国有林产权制度改革的一项重要措施，伊春林改试点评价将是试点工作成效的重要依据，将直接影响国家对国有林权制度改革的决策。伊春林改试点工作虽然其对森林资源的质效影响较大，但从林分蓄积生长、森林覆盖率等直接因子来评价难度较大，需要设计科学合理的方法才能实现森林资源的有效地评价。因此，本评价坚持了客观公正的原则、科学合理的原则、综合全面的原则以及定量和定性相结合的原则。

6.2.1.2　评价指标

伊春林权制度改革试点森林资源评价的评价指标包括林木资源、林分质量、各地类面积、森林经营管护、经营投入和经济效益六个方面的评价指标。

(1) 林木资源。指试点区内林木资源的变化情况及变化发展趋势，主要评价指标为林木株数和林木蓄积变化。

(2)地类变化。指试点区内各类林地面积的变化情况。主要评价指标为荒山荒地等无林地造林更新、退耕还林地造林、疏林地造林、毁林开荒、破坏林木等活动涉及的面积和株数。

(3)森林质量。指试点区内林分树种结构、空间层次结构、林分密度、森林健康、林地利用率等因子的变化。主要评价指标为林中空地补植、林冠下造林、低质低效林抚育改造等经营活动涉及的面积和株数。

(4)经营管护。指试点区内林分的经营管理、资源保护、森林病虫

鼠害防治、森林防火等情况。主要评价指标为编制森林经营方案的林地面积、投资和投劳的户数、林下经济植物经营的面积、林政案件和森林火灾涉及林分的面积、林木株数和蓄积等。

(5)基础设施建设和投入。指试点区内经营管护基础设施建设和基本投入情况。主要评价指标为林道建设、防火设施和设备、管护用房的建设数量和投入资金。

(6)经济效益。指试点区森林资源经营利用所产生的经济效益情况。主要评价指标为发展林下经济的预期收益等。

6.2.1.3 评价方法

伊春林权制度改革试点森林资源评价的评价方法为收集伊春林权制度改革试点的森林资源调查档案数据和森林资源资产评估等各类资料；采用遥感数据分析与现地抽样调查相结合方式，调查项目区的森林资源现状；同时收集周边类似区域的对比数据进行对比分析；对承包户进行走访调查，调查森林经营措施、经营方向、经济效益等难以从林分调查中反映出的因子；对项目区各类数据进行综合分析，计算各类评价指标，从森林资源的角度评价伊春林权制度改革试点的成效。

6.2.2 评价调查情况

评价调查是林改评价的核心内容，评价调查包括报表调查、遥感判读验证调查、抽样现地调查、访问调查和对比调查五个方面的内容。

6.2.2.1 报表调查

报表调查的目的是全面收集试点区林改试点后林木资源、地类变化、森林质量、森林经营管护、经营投入、经济效益等因子信息。本次报表调查分为承包户报表调查和试点林场报表调查。报表调查统计表见表6-1。

承包户报表调查：承包户报表调查以小班为单位进行调查，共收集到8526个小班75639.94hm^{2}林地的有效信息，占试点小班总数的90.87%，占试点总面积的89.75%。

试点林场(所)报表调查：试点林场(所)报表调查以林场为单位进

行调查，共收集15个林场的有效信息，占试点总林场个数的100%。

表6-1 报表调查统计表 单位：hm^2、%

林业局	合计面积	经营小班		非经营班	
		面积	百分比	面积	百分比
合计	75639.94	8576.44	11.34	67063.5	88.66
翠峦	14232.76	4487.91	31.53	9744.85	68.47
双丰	20444.5			20444.5	100.00
桃山	19012.09	1693	8.90	17319.09	91.10
铁力	8347.09	1432.73	17.16	6914.36	82.84
乌马河	13603.5	962.8	7.08	12640.7	92.92

6.2.2.2 遥感判读验证调查

遥感判读验证调查是指在对遥感判读结果为森林资源发生不正常变化的小班进行现地验证调查。

通过对试点区的SPOT5遥感影像成果数据解译判读和叠加上小班森林资源评估调查数据的综合分析，共有15个小班森林资源发生明显变化，结合报表调查数据进行综合分析，判断有8个小班的森林资源发生了不正常变化。经过现地验证调查，其中2个小班因进行林下经济作物种植而对林分进行过度清理，涉及面积$6hm^2$，占总试点面积的0.007%。其他6个小班都是因为林改区划小班时没把林中草塘、空地等地块区划出来，而产生的误判。

6.2.2.3 抽样现地调查

外业调查中总共抽查了208个小班(包括遥感判读验证调查的8个小班)，占伊春林改小班数的2.22%，对于有经营活动的小班，设置了总面积不小于小班面积3%的样带，进行造林、抚育、林下经济等经营活动和病虫害、火灾、采伐、移植、林地流失等干扰活动因子的调查；对于没有经营活动的小班，设置了总面积不小于小班面积3%的样带，进行森林病虫害、火灾、采伐、移植、林地流失等干扰活动因子的专项调查。抽样小班的总面积$2154.78hm^2$，占伊春林改总面积的2.56%。

抽样现地调查统计表，详见表6-2至表6-4。

表 6-2 林场(所)各类抽样小班个数及面积统计表 单位：hm²

林场	合计		经营小班		非经营小班		遥感验证小班	
	小班数	面积	小班数	面积	小班数	面积	小班数	面积
合计	208	2154.78	100	1031.70	100	1048.33	8	74.75
幺河	42	460.50	20	190.00	20	241.75	2	28.75
福民	43	243.50	20	112.40	20	112.30	3	18.80
神树	42	428.85	20	204.00	20	208.15	2	16.70
九连	40	546.33	20	259.90	20	286.43		
伊东	41	475.60	20	265.40	20	199.70	1	10.50

表 6-3 林场(所)抽样小班按起源小班个数及面积统计表 单位：hm²

林场	合计		人工		天然		其他	
	小班数	面积	小班数	面积	小班数	面积	小班数	面积
合计	208	2154.78	28	234.03	179	1870.95	1	49.80
幺河	42	460.50			42	460.50		
福民	43	243.50	12	54.70	31	188.80		
神树	42	428.85	3	19.20	39	409.65		
九连	40	546.33	6	73.83	34	472.50		
伊东	41	475.60	7	86.30	33	339.50	1	49.80

表 6-4 各林业局抽样小班各按地类面积统计表 单位：hm²

林场	合计	有林地	疏林地	其他
幺河	460.50	460.50		
福民	243.50	243.50		
神树	428.85	428.85		
九连	546.33	546.33		
伊东	475.60	348.70	77.10	49.80

6.2.2.4 访问调查

访问调查的目的是现地访问调查伊春林权制度改革试点区森林资源保护、经营等所产生的经济效益情况、经营投入等因子信息，对报表调查的数据进行进一步核实。本次访问调查分为入户访问和入场访问调查，入户访问采用随机抽样的方式共在每个抽样林场分别抽取10个承包户(共50户)进行了入户访问调查。入场访问调查采用座谈会的形式分别对5个抽样林场进行了入场访问调查。

6.2.2.5 对比调查

对比调查分为横向对比调查和纵向对比调查。本次调查中在非林改革区随机抽取了10个条件相似、有经营活动的对照小班进行了横向对比调查，同时在抽样小班中采用随机抽样的方法抽取了9个有经营活动的典型小班，对照林改初期森林资源区划调查方法，进行了复位调查。

林改前后森林病虫害情况统计表，见表6-5。

表6-5 林改前后森林病虫害情况统计表 单位：hm^2

林业局	林改前		林改后	
	发生次数	涉及面积	发生次数	涉及面积
合计	11	31489.87	11	51051.00
翠峦	3	26190.00	3	19220.00
双丰	3	2018.00	2	1176.00
桃山	1	1663.87		
铁力	4	1618.00	3	3625.00
乌马河			3	27030.00

对比调查统计表见表6-6、表6-7。

表 6-6 抽样对照小班造林密度和成活率统计表

单位：hm^2、株/hm^2、%

林业局	林场(所)	林班	小班	面积	造林密度	成活率	备注
翠峦	幺河	254	12	31			翠峦和铁力的对照小班中没有进行造林
		266	12	6.5			
双丰	福民	50	26	2.7	2000	80	
		50	4	6.5	2000	83.3	
桃山	神树	203	2	13.4	2000	80.5	
		203	1	12.4	2000	81	
铁力	九连	15	18	14			
		86	13	4			
乌马河	伊东	59	2	5.8	3300	85	
		52	3	7.1	3300	88.01	

表 6-7 抽样典型经营小班单位面积蓄积株数统计表

单位：hm^2、m^3、%

林业局	林场	林班	小班	面积	现蓄积	现株数	林改前蓄积	林改前株数	增加蓄积	增加株数	年蓄积增长率	年株数增长率
翠峦	幺河	266	12	6.50	54.00	599	53.00	579	1.00	20	1.89	3.34
双丰	福民	5	26	6.60	78.44	636	74.00	624	4.44	12	6.00	1.89
		45	4	3.00	148.78	1306	126.00	1225	22.78	81	6.03	2.07
桃山	神树	144	30	6.50	34.00	650	34.31	650	-0.31	0	-0.90	0.00
		178	13	10.20	41.00	695	40.20	693	0.80	2	2.00	0.29
铁力	九连	15	1	12.70	42.00	481	41.00	471	1.00	10	2.44	2.08
		86	14	0.90	148.00	1611	140.00	1572	8.00	39	5.71	2.42
乌马河	伊东	64	137	12.70	87.00	981	88.00	1093	-1.00	-112	-1.14	-11.42
		95	164	7.00	18.00	286	18.00	373	0.00	-87	0.00	-30.42

6.2.3 森林资源评价指标分析

评价指标包括林木资源、林分质量、各地类面积、森林经营管护、经营投入和经济效益六个方面的评价指标。根据报表调查、遥感判读验证调查、抽样现地调查、访问调查和对比调查的结果，计算得出各评价指标如下：

6.2.3.1 林木资源

林木蓄积非正常消耗率：根据抽样现地调查统计分析结果，抽样小班林木非正常消耗总蓄积为16.03m^3，林改前抽样小班的林木总蓄积为102242.1m^3，计算得出林木蓄积非正常消耗率为0.0157%。

林木株数非正常消耗率：抽样小班林木非正常消耗总株数为122株，林改前抽样小班林木总株数为1442151株，计算得出林木株数非正常消耗率为0.0085%。

6.2.3.2 地类面积变化

造林合格率：根据抽样现地调查统计分析结果，抽样小班造林总面积为393.96hm^2，其中造林合格率>85%的面积为24.14hm^2，计算得出造林合格率为87.20%。

退耕还林率：根据抽样现地调查统计分析结果，抽样小班中历史形成的小开荒耕地总面积30.96hm^2，调查中退耕还林面积25.42hm^2，计算得出退耕还林率为82.12%。

疏林地造林率：抽样小班疏林地总面积为77.1hm^2，在本次调查中这些疏林地全部进行了林冠下造林和林中空地造林，因此疏林地造林率为100%。

林地流失率：调查中各林业局都没有发现林地流失现象，因此林地流失率为0%。

预期森林覆被增长率：根据抽样现地调查和报表调查统计分析结果，试点区预期新增森林面积706.64hm^2，试点区林地总面积为84278.25hm^2，计算得出预期森林覆被增长率为0.84%。

6.2.3.3 森林质量

林冠下造林率：试点区已在各类林分林冠下造林总面积5640.7hm^2，计算得出林冠下造林率为6.79%。

有林地利用面积增加率：试点区已在有林地中进行林中空地补植

4211.52hm^2，计算得出有林地利用面积增加率为5.07%。

6.2.3.4 经营管护

森林经营方案编制率：调查中发现所有参与林改试点的小班都新编制了简明森林经营方案，因此林改后森林经营方案编制率为100%。

林下经济作物经营率：试点区进行林下经济作物经营面积为356.46hm^2，计算得出林下经济作物经营率为0.42%。

林政案件次数减少率：林改后在试点区内没有发生任何林政案件，因此林政案件次数减少率为100%。

森林火灾次数减少率和森林火灾面积减少率：林改后在试点区内没有发生任何森林火灾，因此森林火灾次数减少率和森林火灾面积减少率均为100%。

森林病虫害面积减少率：试点区内林改前森林病虫害年累积面积为31489.867hm^2，林改后森林病虫害年累积面积为51051hm^2，计算得出森林病虫害面积减少率为62.00%。

森林经营率：试点区在试点期间发生经营活动林地面积为8576.44hm^2，计算得出森林经营率为10.18%。

投资投劳率：试点区承包户数为5284户，其中有投资投劳的户数为3165，计算得出投资投劳率为59.90%。

单位面积林地资金投入增加率：林改前每公顷林地资金投入平均为472.23元，林改后每公顷林地资金投入平均为1627.62元，计算得出单位面积林地资金投入增加率为245.00%。

单位面积林地劳动力投入增加率：林改前每公顷林地年均投入劳动力为0.5个，林改后每公顷林地年均投入劳动力为14.7个，计算得出单位面积林地劳动力投入增加率为2840.00%。

6.2.3.5 基础设施建设和投入

年林道建设增加率：林改前试点区内年林道累计建设长度为122km，林改后试点区内年林道累计建设长度达到325.6km，计算得出年林道建设增加率为166.9%。

年森林防火设施和设备投入资金增加率：林改前试点区内年森林防

火设施和设备投入资金为5.7万元，林改后试点区内年森林防火设施和设备投入资金为14.54万元，计算得出年森林防火设施和设备投入资金增加率为155.10%。

6.2.3.6 经济效益

林下经济年均预期净收益增长率：根据入户调查的数据统计分析，林改前林下经济年均户净收益为2.50万元，林改后林下经济年均户预期净收益为3.55万元，计算得出林下经济年均预期净收益增长率为42.18%。

6.2.4 评价结论

根据现地调查、资料分析、指标计算、综合评分等对伊春林权制度改革从森林资源的角度的总体评价结论为：在改革试点中，试点区没有出现林地流失的现象，没有出现偷砍盗伐现象，森林资源得到有效保护，林业投入乏力问题得到缓解，森林综合经营水平得到提高，职工投资营造林的积极性显著提高，投入难、造林难的问题得到了有效解决，职工就业增收渠道得到明显拓宽，林权制度改革在森林资源方面基本达到了预期目的。

(1)森林资源得到有效保护。林权制度改革之后，职工拥有了林地的经营权、林木的所有权和处置权，真正成为林地的主人，就像管护自己家的园田地一样管护承包的林地。承包户的森林管护积极性特别高，自发组成联防队对承包林地进行有效管护，有效遏制了打拉烧柴和盗伐林木现象的发生，林木蓄积和株数非正常消耗率仅为0.0157%和0.0085%。有效的管护也杜绝了森林火灾隐患，对森林病虫害防治起到了积极的作用。

(2)职工投资营造林的积极性显著提高，林业投入乏力问题得到缓解。改革前，林区造林单一依靠国家有限的资金投入，社会上沉淀的大量资金不许进入，固守封闭僵化的投资体制，造成林区投入严重不足，处于等米下锅的局面，而且造林也只是政府(森林经营单位)提出的任务和要求，造林质量好坏和职工没有多少关系，多年造林不见林是林区多年来难以有效扭转的事实。通过林权制度改革，调整了林业生产关系，打开了各种生产要素投向林业的渠道，实现了林业投资主体的多元化，职工自我造林的积极性空前高涨，单位面积林地资金投入比林改前增加了2.45倍。林权制度改革开展以来，很多承包经营户千方百计筹集资金和组织大量人力进行森林经营管护和林下经济作物经营，真正实现了从“要我造林”到“我要造林”的历史性转变，基本解决了林业生产基本投入不足的问题。

(3)森林综合经营水平得到提高。林地承包后，很多职工在主管部门的帮助下，全部编制了经营方案，依托林地资源，积极谋划短、中、长期发展项目，充分利用林地资源，实现了眼前利益与长远利益的结合。同时林改后承包户的经营思想有了很大的改变，承包户是花自己的钱办自己的事，用自己的钱造自己的林，管护自己的林了，因此造林质量实现了大幅度提高，森林管护强度也大大增强。

(4)经济效益明显提高。林改后，为改善林业产出低、经济效益差的局面，林管局采取了资金扶持、政策放宽等一系列有效措施，大力鼓励承包户发展林下经济，提高林业产出，增强经济效益，通过大力发展林下经营，当前承包户出现了木耳大户、香菇大户、药材大户、特色养殖等林下经济大户，林下经济年均净收益预期增长达42.18%，经济效益明显提高。

(5)职工就业渠道拓宽，林区的社会稳定与和谐进一步推进。实施林权制度改革后，通过立体复合式经营，在促进森林资源的深度开发和利用的同时实现了一人承包、全家就业，林地劳动力投入由原来的0.5个增加为14.7个，有效地解决了林区职工就业难题。另外通过“山定主、林定权、树定根、人定心”，进一步理顺了林业生产关系，解放了林业生产力，极大地调动了林区职工经营林业的积极性，职工群众有了自己的一片青山，看到长期生存的希望，增加了安居乐业的信心，促进了林区社会稳定与和谐。

通过笔者与有关中立部门的权威调查分析，伊春国有林权制度改革的理论基础是正确的，实践模式也是成熟的，实际成效也是积极的！

6.3 深化国有林权制度改革的政策性建议

伊春作为我国国有林权制度改革的试点，运行一年多，取得了阶段性成效。在总结伊春国有林权改革试点初步经验的基础上，下一步继续深化伊春国有林权制度改革乃至进一步推动全国国有林权制度改革，需要在以下六方面作进一步的努力和改进：

6.3.1 推动国有林区政企分开的体制改革

体制问题是国有林区进行产权制度改革面临的最大障碍，也是国有林区产权制度改革能否取得成功、走出困境的最大瓶颈。理顺林区的管理体制，是国有林区面临的最大难题。体制僵化、机制不活。体制改革，势在必行。

体制改革，主要表现为必须推行最严格的政企分开。国有林区长期存在着政企合一的问题，政府既当裁判员，又当运动员，干扰了经济规律，违背了市场规律。企业既是资源管理者，又是资源利用者，企业承担着林区文教卫生、公检法司、城镇建设等社会职能，包袱沉重。

在推行国有林权制度改革的过程中，必须推动政企分开，国有林区的行政职能与国有林区的林业经营和发展职能实行适当的分离。唯有如此，才能保证国有林权制度改革的深入和彻底。国有林区政企分离，不是简单的经济问题，它是牵扯到许多社会政治因素的复杂工程，应在目前的制度基础上采取相应的有效策略逐步变迁实现，要遵循循序渐进、先易后难的原则，在规范的政府制度和企业行为机制确定并运行过程中逐步实现。政府要求切实转变职能，要转向公共服务和社会管理，为改革保驾护航，为改革服务，坚决退出对林业具体经营管理和林业利益分配的角色。国有林业企业要从资源管理者的职能中解脱出来，要改变过去严重依赖政府政策保护的状态，尽早根据现代企业的要求，不断发展自己，使自己成为真正意义上的独立的生产经营者。

6.3.2 切实落实林业承包者的自主经营权

国有林权制度改革赋予林业承包者五十年的林地经营权和林木所有权。权利是清晰的、排他的、可交易的。林业承包者的权利应该给予最严格的尊重和保护。结合目前的改革现状，下一步的改革要继续深化以下方面：

要落实林权证的发放。林权证是林定权、树定根、人定心的法定标志。同时，林权证又牵涉到银行贷款抵押等一系列问题，对承包户的经营发展有着重要影响。目前，林业承包户手中只有一份与政府的承包合同，林权证的发放还处于期待之中。国家林业局应该会同国有资产管理部门以及具体实施林权制度改革的地方政府，认真研究国有林业的相关法律规定，在保障国家利益和承包户利益的基础上，对法律制度作相应的调整，切实出台并发放林权证，对林业承包者给予最大限度的权益保障，对改革的切实推动给予最大限度的支持。

要切实落实林业承包者的自主经营权。自林业职工与政府签订林业承包合同后，林业职工便相应拥有了林木的所有权、林地的经营权。但现实中奇怪的现象是，林业职工拥有了林木的所有权和林地的经营权，但是林木的处置权却是受限制的，是不完整的。林木的处置权是林木所有权和林地经营权所附带的相应权利，也是林业职工最关心的权利。但是林业职工对林木的处置，尚需报国家林业局批准，这使得林业职工的处置权得到了相当程度的约束，可以说是有限权利。这必将影响到林业职工对林业的长期投入。在以后的改革中，政府要充分信任林区的职工群众，只要把握住林地属性不能改变的大原则，应允许林业职工根据实际情况和市场情况决定其处置林木甚至砍伐林木的时间和数量，不受采伐指标限制，随报随批，让老百姓真正成为林地的主人，不再捧着金饭碗讨饭吃。

6.3.3 逐步扩大国有林的承包主体范围

林业是复杂的系统，同样是开放的系统。国有林的改革必然要和开放联系起来，需要社会各界的广泛参与，需要系统外的各种力量的积极参与。

现阶段国有林承包主体仅限于林业职工，这是为了解决林业职工的生活问题和发展问题，是为了解决国有林区奔小康的问题。这是改革初期必然的考虑，也被实践证明是正确的选择。但从长期来看，国有林权制度改革需要实现更大的发展，更广泛的承包，林业职工作为承包主体就无法适应国有林重大发展的需要。

在下一步的改革阶段，应该考虑将国有林的承包主体扩大到国有林区非林业职工的其他社会力量，包括各级社会工作者，各级领导者，以及林区的独资与合资企业，将林区内的各种积极因素调动起来，共同参与到国有林权制度改革中来，享受国有林权的改革成果。

在充分发挥林区内的积极因素之后，要进一步吸引社会资金，吸引境外资金，吸引战略投资者，在保障国家生态利益和国有资产保值增值的基础上，调动社会各界一切积极因素，一切有志于林区发展、有利于林区发展的力量和因素，共同推动国有林的发展。

6.3.4 尽快建立林权交易市场

国有林权制度改革的基本思想之一，就是要通过产权交易市场，实现林业产权的顺畅交易，从而丰富林业经济价值的实现形式，避免了过去单一的通过砍树、卖"尸体"以获取经济利益的破坏性的实现经济价值的方式，通过卖林权证，卖活立木，既实现了林业的经济价值，使得承包户获得了经济利益，又确保了林业的生态价值得以保存和增值，实现国家的生态效益和个人的经济效益的完美结合。所以说，林业产权交易市场的建立与完善，是国有林权制度改革得以深化的重要基础。

伊春国有林权制度改革的第一步做到了林业初始产权分配的公平性，做到资源产权的明晰化和排他性；第二步应该积极建立活立木交易市场，以此推动林业产权的交易，从而丰富林业经济价值的多种实现形式，使得林业职工等初始承包者的经济利益得以保证，并以此引进外部资金，增加林业的投入，促进林业的发展。

林权交易应该是先内后外，逐步推动。首先尝试进行林业系统内部的产权交易，而后逐步过渡到林业系统与外部的产权交易，直至引进战略投资者。

交易使得林业逐渐向更有利于林业发展的承包者手中转移，并逐渐形成各种形式的联合体，形成规模经济效益。对于承包和交易过程中形成的任何联合体，都应该予以鼓励和支持。

6.3.5 建立投融资体系

资金是林业承包以及林业发展的前提与基础。林业职工生活困难，在承包林子之后，普遍出现了资金困难。虽然在林业的初始承包阶段，政府给予了相应的支持，使得林业职工暂时克服资金困难，承包得以顺利进行。但是林业的后期经营管理还需要继续投入，加上林业生长周期长，相应地经济效益实现周期也较长，对于林区职工而言，资金的困境无疑是靠个人难以解决的。融资是林业职工经营的出路，但是融资渠道的匮乏恰恰是阻碍他们经营的瓶颈。

林权制度改革需要金融的支持。建议政府机构与银行、保险等相关部门进行协调，使得承包户能够通过林业承包合同以及林木所有权合同作为有效证件申请银行贷款和参保。应该允许林业职工及其林区内部相关金融组织建立内部互助合作金融体系；应该允许非林系统和地区的农村信用社介入林区的资金互助合作；应该允许进行林业产权制度改革的地区将林改收入作为改革资本金，组建小额信贷担保公司，为林区承包户的贷款开展担保业务，或者直接采取直接贷款的方式对林业职工进行金融支持；建议国家开发银行、农业开发银行为国有林权制度改革提供专门的信贷金融扶持资金。

6.3.6 建立林业管护经营的社会化服务体系

林权制度改革之后，林业的管护经营从过去的政府、国有林场负责转为由承包户个人负责。这将大大提高个人对林业管护的热情和积极性，大大提高林业的管护水平，使得林业的防火、防盗、防虫等问题得到有效解决。

但是林权制度改革对于林业的管护也有负面的问题，主要表现为林业管护的整体性、前瞻性、技术性不足。尤其出现共性问题的时候，比如大面积火灾、虫灾等，靠一家一户是很难解决的。这就需要建立社会化的林业管护体系，解决一家一户难以解决的问题。

当前，要鼓励支持林业职工形成互助合作的组织，支持森林公安、资源林政部门、防火管理部门组建专业管护队伍，允许社会力量自发地组建林业管护商业组织，对林业职工实行专业的社会化服务，改变承包后职工个人无力进行大范围管护的问题。

国有林权制度改革是一个长期的过程，在具体的改革实践当中，将会不断遇到新情况、新问题。改革就是为了突破困境、解决困难、实现发展。除上述六方面问题之外，改革必将还要面对林业法律的调整、林区经济的转型、林业技术的更新等一系列问题。只要坚持科学发展观的理念，国有林权制度改革必将不断地突破一个又一个障碍，解决一个又一个难题，逐步走向深入。

6.4 本章小结

本章依据林业价值分类经营的理念和“远封近分、三林流转、大力发展民有林”的改革思想，对伊春国有林权制度改革进行了具体设计和现实操作，并对改革的成效进行了实地调查和评价，在此基础上就伊春国有林权制度改革的进一步深化提出了前瞻性的思考和建议。

结　论

本项研究综合运用国有资产管理理论、现代产权理论、生态经济学与可持续发展理论的最新研究成果，结合当前国有林区经济与社会发展的现状，重点研究了市场调节为主、多元产权主体并存、兼具明晰、排他、可交易特征的国有林新型产权制度，提出了国有林权制度改革的新理论，设计了国有林权制度的新模式，分析了改革所涉及的林区政府、社会保障以及法律等改革支持保障体系。本项研究得出如下结论和研究成果：

(1)提出了林业价值分类经营理论。本项研究依据林业生态复杂适应性系统论，超越了实物经营的传统，确定了价值本位的林业价值分类经营理论，就是将林业的经济价值、生态价值和社会价值作为经营对象，根据林业资源内在的经济价值、生态价值以及社会价值的内涵，明晰价值之间的差异性，把握价值的特殊性，有针对性地确定不同的价值经营主体，遵循不同的价值经营规律，实施分类经营，分类管理。

(2)提出了林业价值主体分置理论。在理论分析和实践论证的基础上，提出了国有林存在产权主体的错位和缺位的问题，即事实上属于无人负责的无主林业，为国有林找到真正的主人才是实现国有林可持续发展的根本出路。通过对林业生态价值和经济价值进行清晰界定，明确指出生态价值的基本主体只能是国家，经济价值的基本主体只能是个人。国有林必须实行价值主体分置，把生态价值交给国家和社会，把经济价值交给个人和企业，国家应最终放弃对经济价值的追求而始终致力于生态经营，把生态价值的发展与扩大视为自己的最高目标。唯有如此，才能实现林业的生态价值和经济价值的相得益彰，实现林业的快发展，大发展。

(3)构建了“远封近分、三林流转、大力发展民有林”的国有林权改革模式。在不改变林地用途和所有权，不削弱森林、林地现有生态功能，总体上保持森工国有主体不变的基础上，适度引入民营机制和民间资本，对国有森工企业无力造林和不好管、管不好的林地的使用权及森林、林木所有权、经营权实行有偿流转，大力发展民有林，通过林地、林木资源经营的民有化，有效激活民间资本，激发群众育林护林的积极性，促进林业建设投入的多元化、社会化，推动森林资源与生态环境的加快恢复和林区经济走上资源节约型、环境友好型发展的快车道。

(4)从政府、社会保障以及法律等三个方面构建了国有林权制度改革支持系统。指出应加快推进政府治理模式由管制型向服务型转变，进一步转变政府职能。建立由国有林区最低生活保障系统、国有林区养老保险与特殊风险防范系统、国有林区医疗保险系统三个部分组成的国有林区社会保障体系。调整并完善森林资源产权法规，填补改革引起的法律空白。

本项研究对国有林权制度改革的研究，立足于伊春国有林权制度改革试点，放眼于整个我国国有林实现改革的需要；立足于国有林的产权问题、体制问题，放眼于国有林的体制性矛盾、资源性矛盾、结构性矛盾和社会性矛盾的一揽子解决。其研究对于国有林实现可持续发展，对于林业职工的脱贫致富奔小康，对于林区和谐社会的建立，对于人类生态建设都具有十分显著的理论意义和现实意义。

理论来源于实践，并指导实践。国有林权制度改革的实践将是一个长期的不断探索、不断求证、不断走向成功的过程，国有林权制度改革的理论同样是一个不断积累、不断总结、不断创新、不断走向成熟的过程。今后在本领域的研究中，结合改革实践的困惑与破冰之需，笔者将试图在以下三个方面作进一步的探讨：①国有林产权流转问题。这是林业承包者实现其经济利益的重要保障，也是保证林业生态价值与经济价值同步增值的重要前提。②国有林的资金投入问题。这是确保国有林权制度改革成功、国有林实现大发展的重要物质条件。③国有林权制度改革的相关法律问题。这是国有林承包者利益得以保障、国有林权改革成果得以维护的重要条件。

Abstract

Our state-owned forest occupys predominance position in the forest resources. The state-owned forest area has 42. 16 percent of the total country forest area and have about 69. 56 percent of the stock volume. It is important for keeping on development for national economy development, society progress and ecosystem, to make state-owned forest resources continous development. However, for long time, resources, structure, system and society antinomy exists in our state-owned forestry, and badly check our country forest development level. In the four great antinomies, main antinomy is the system antinomy, which main performance is falling behind in system reform in the state-owned forest.

That research of reform for the system of the state-owned ownership of forests will have vital practical significance to solve the extant contradictory and serious problems in the state-owned forestry. Through the reform of forestry property to promote its ownership of forests right defined, thus to strengthen the operator's consciousness of aware protection and responsibility to the forest resources. It is good for ceasing phenomenon of destruction forest resources and achieves effective protection for the forest resources fundamentally. It is possible to transform the forestry to a investment carrier that can make benefit. Besides, breaking sole state-owned mechanism , introducing that of privately operated positively as well as establishing multi-dimensional investment mechanism, will help to solve the problem of insufficient investment to forest region. Based on this mechanism, forest workers can become investors, enabling them to have capitals and forests of their own. In this way, it can both expand employment channel and alleviate pressure of society employment and re-employment of the staff coming off sentry. It also can increase income the forestry staff, thus can help forestry staff casting off poverty and set out on a road to prosperity.

That paper first applies newest research results based on theory of state asset management, theory of modern property right as well as theory of ecological economy and sustainable development. And then has studied new system of state-owned forestry property right that mainly dependent on market regulation and have multi-dimensional property right coexisting. That research is combined with development status of state-owned forest region economy and society. Based on that, a new forestry value theory system was established. It named theory of classification management for forestry value. This theory sets forestry's economic value, ecological value and social value as the management objects and fixes on main body and rules of value management, taking value increment as the management goal and implementing classification management. That paper also proposes that the state-owned forestry must implement division of value, that is, gives the ecology value to government and economic value to individual. The country should produce pursuing of economic value, but make most life effort for the ecological value and regard development and expansion of ecological value as the highest goal. Then, that paper proposed strategic reform pattern for the system of state-owned forests. This pattern specifically contains three aspects, that is, blocking the further and dividing the closer, moving three property of forest as well as vigorously developing private owned forest. Under the precondition of not to change the forest land's use and ownership, not to weaken ecology function of the forest, as well as to maintain the state-owned main body invariable, it is good to introduce privately operated mechanism and folk capital, which are easy to stimulate the enthusiasm of forest protection, promote multiplication of forestry constructive investment and impel the development of forest resources, ecological environment and the forest region economy. Furthermore, this paper analyzes and studies the role transformation and behavior adjustment of essential factors such as forest region government, law system as well as social safeguard. The transformation and adjustment should be adapted to reform of state-owned forestry property right system and provide support for that. Lastly, this paper put forward some advices for how to push the forest property right reform.

参考文献

1. A·A·阿尔钦．产权：一个经典注释//R. 科斯等．财产权利与制度变迁．上海：上海人民出版社，1994：98
2. A·爱伦·斯密德．财产、权力与公共选择．上海：上海三联书店，上海人民出版社，1999
3. H. 登姆塞茨．关于产权的理论// R. 科斯等．财产权利与制度变迁．上海：上海三联书店，上海人民出版社，1994：97
4. 阿瑟·刘易斯．经济增长理论．上海：上海人民出版社，上海三联书店，1994：25
5. 柴恒忠，甄世武．森林资源的资产化管理．北京：中国林业出版社，1994：15～36
6. 柴恒忠．森林资源的资产化管理．北京：中国林业出版社，1994：33
7. 陈景艳，刘国良．国有资产管理必读．北京：社会科学文献出版社，1997：81～83
8. 陈清泰．国有体制改革是深化国企改革的重要突破．国有资产管理，2003，(1)：52～55
9. 道格拉斯·C·诺斯．制度、制度变迁与经济绩效．上海：上海三联书店，2004：64
10. 董智勇．世界林业发展道路．北京：中国林业出版社，1992：35～ 55
11. 樊纲．论改革过程．经济研究，2000，(3)：11～21
12. 高军，贾志文，刘艳华，高平伟．乌拉特中旗退耕还林工程试点阶段性社会经济效益评价．内蒙古林业调查设计，2003，(1)：20～22
13. 郭永航，王铁汉，白晓康．重点国有林区森林资源监督体制中的问题及对策探讨．林业资源管理，2002，(3)：1～3
14. 国家林业局．全国森林资源第六次普查．国务院新闻发布会，2005 年 1 月 18 日
15. 国家林业局调查规划设计院、黑龙江省第二森林调查规划设计院、黑龙江省森林资源管理局．黑龙江伊春林权制度改革试点森林资源评价报告，2007 年 9 月
16. 国务院发展中心企业研究所，国有资产管理体制研究课题组．关于国有资产管理体制的一些看法和建议．国有资产管理，2002，(12)：61～66
17. 韩琳．保护天然林：重新认识林业经济．经济纵横，2001，(10)13～15
18. 何承耕．自然资源和环境价值理论研究述评．福建地理，2001，16(1)：1～5
19. 胡家勇．构建国有资产管理新体制．经济学动态，2002，(1)：54～57
20. 黄少安．国有资产管理概论．北京：经济科学出版社，2000：30～34
21. 黄正秋．新时期我国经济林发展的战略和对策．林业经济，2001，(3)：23～25

22. 霍尔姆斯·罗尔斯顿．环境伦理学：大自然的价值以及人对大自然的义务．杨通进，译．北京：中国社会科学出版社，2000：268~269
23. 蒋海，张道卫．林业投资的激励机制与产权制度安排．农业技术经济，2001，(6)：33~36
24. 蒋海．林业投资的激励机制与产权制度安排．农业技术经济，2001，(1)：8~14
25. 凯恩斯．就业、利息和货币通论．北京：经济科学出版社，1993：29
26. 孔凡斌．论森林生态环境保护与资源产权制度改革．林业经济，2003(10) 12~14
27. 李建兴．深化国有资产管理体制改革．国有资产管理，2003，(11)：1~8
28. 李明贤等．我国农村信用社改革的成本分析．农业经济问题，2005，(2)：30~34
29. 李轩红．构建国有资产管理新体制．国有资产管理，2003，(6)：23~27
30. 李燕玲．森林分类经营管理体制问题的思考．林业经济，2004(9)15~16
31. 林浩．森林——不可代替的财富．人民日报，2003年02月25日第七版
32. 林龙．国有林产权制度改革探析．福建林业科技，2005，(6)：128
33. 林毅夫．关于制度变迁的经济增长理论：诱致性变迁与强制性变迁．上海：上海三联书店，1991：101~102
34.《林业产权制度研究》课题组．林业产权制度研究．福建学刊，1995，(12)：29~40
35. 理查德·A·波斯纳．法律的经济分析．北京：中国大百科全书出版社，1997：34~35
36. 刘广运．林业改革的实践与思考．北京：中国林业出版社，1999：98
37. 彭道黎．论森林资源资产化管理．世界林业研究，1996，(4)：23~28
38. 钱阔，陈绍志．自然资源资产化管理．北京：经济管理出版社，1996：79
39. 权锡鉴，曹洪军．国外国有资产管理模式及其启示．宏观经济管理，2000，(9)：40~42
40. 盛洪．中国过渡经济学．上海：上海三联书店，上海人民出版社，1998：25
41. 施荫森，刘家顺．林业政策学．哈尔滨：东北林业大学出版社，1994：44~67
42. 田明华，陈建成．中国森林资源管理变革趋向：市场化研究．北京：中国林业出版社，2004：106
43. 铁铮．我国林业贡献比人们想像的大得多．中国绿色时报，2006. 11. 18
44. 汪丁丁．在经济学与哲学之间．北京：中国社会科学出版社，1996：205~206
45. 汪海栗．关于武汉模式的再认识．国有资产管理，2003，(4)：12~15
46. 王庆礼，邓红兵，钱俊生．略论自然资源的价值．中国人口·资源与环境，2001，11(2)：25~28
47. 王询．文化传统与经济组织．大连：东北财经大学出版社，1999：78~79
48. 王兆君．国有森林资源资产运营研究．北京：中国林业出版社，2003：206
49. 魏杰．构建市场经济下新的国有资产管理体制．国有资产管理，2003，(1)：78~80

50. 沃洛比约夫，默哈莫德森，杰维亚特金．世界林业．哈尔滨：东北林业大学出版社，1989：201
51. 吴宣恭等．产权理论比较．北京：经济科学出版社，2000：121~132
52. 肖耿．产权与中国经济改革．北京：中国社会科学出版社，1997：28
53. 肖平，张敏新．国外林业产权问题研究．世界林业研究，2000，(4)：15~20
54. 徐国祯．生态林业——和谐发展的林业．森林生态保护(伊春)国际论坛会议论文集，2007：62~66
55. 许保利．国有资产管理体制改革问题研究．国有资产管理，2003，(5)：20~25
56. 亚里斯多德．政治论．北京：商务印书馆，1965：89
57. 晏智杰．自然资源价值刍议．北京大学学报(哲学社会科学版)，2004，(6) 70~77
58. 杨艳琳．自然资源价值论——劳动价值论角度的解释及其意义．经济评论，2002，(1)：52~55
59. 姚顺波．中国非公有制林业制度创新研究．北京：中国农业出版社，2005：46~47
60. 尹伯成．略论对私有财产权的保护．东南大学学报哲社版，2004，(1)：101
61. 余永定．西方经济学．北京：经济科学出版社，1999：69
62. 袁庆明．新制度经济学．北京：中国发展出版社，2005：125~126
63. 张春霖．政企要分开．云南政报，2000，(23)：43
64. 张春霞．集体林业要发展产权制度改革需破题．林业经济问题，1994，(2)：13~20
65. 张建国，吴静和．现代林业论．北京：中国林业出版社，1996：76
66. 张军扩．国有经济的战略性改组．北京：中国发展出版社，1998：87~91
67. 张美华．对我国林业管理体制改革的思考．绿色经济，2003，(2)：68~69
68. 张曙光．中国的制度分析：三个理论框架下的比较经济研究．经济研究，1994，(12)：73~78
69. 张维迎．产权、政府与信誉．上海：上海三联书店，2001：54
70. 张文魁．国企产权改革方向不容否定．国有资产管理，2004，(10)：22~25
71. 张志达．德国生态林业的经营思想、主要措施及启示．林业经济，1999，(2)：71~76
72. 张治栋，樊继达．国有资产管理体制改革的深层思考．中国工业经济，2005，(1)：47~55
73. 郑海航，邵宁．国有资产出资人代表：大型国有企业集团成为国家授权投资机构研究．经济管理出版社，1999：74~76
74. 郑四谓．森林环境可持续发展管理问题研究．北京：中国环境科学出版社，2002：106
75. 周放生．资产重组——市场经济的永恒主题．铁道经济研究，1998，(2)：6~10
76. 周光召．复杂适应性系统与社会发展．中国系统工程学会12届学术会报告，2002.

77. A D Henry Jr et al. Donservation Dorridors in the United States: benefits and planning guidelines. J. Soil and Water Donservation. Forth quarter, 1999
78. Alchian AA. Some Economics of Property Rights. Il Politico, 1965, (30): 816 ~ 829
79. Anderson, T. L. , McChesney, F. S. Property Rights: Cooperation, Conflict, and Law. Princeton NJ, and Oxford, UK: Princeton University Press, 2003: 1 ~ 120
80. Andy White, Alejandra Martin. Who Owns the World's Forests ? – Forest Tenure and Public Forests in Transition . Forest Trends, 2002, (10): 50 ~ 63
81. Arrow Kenneth. J. The Organization of Economic Activity: Issues Pertinnent to the Choice of Market Versus Nonmarket Allocation. in the Analysis and Evolution of Public Expenditure: The PPB System, VOl. 1, U. S. Joint Economic Committee, 91st Congress, 1st Session. Washington. D. C: U. S. Government Printing Office, 1969: 55
82. Cheng Steven N. S. The Structure of a Contract and the Theory of a Non – Exclusive Resource. J. of Law Econ, 1969, 12 (4): 89 ~ 97
83. Coase, Ronald H. The Problem of Social Cost. . of Law &Econ, 1960, 3(10): 15 ~ 16
84. Coase Ronald H. the Nature of the Firm. Economica, 2000, (4): 365 ~ 405
85. Coase, Ronald. the institutional Structure of Production. Alfred Nobel Memorial Prize Lecture in Economic Science, 1991: 203 ~ 205
86. C. L. Brack. Updating urban forest inventories: An example of the DISMUT model. Urban Forestry & Urban Greening. 2006, 5(4): 189 ~ 194
87. DanidWw. Bromley. Property Rights as Authority Systems: the Role of Rules in Resource Management. Emerging Issues in Forest Policy. UBC Press, 1995: 201 ~ 230
88. David RJ, Han S. A Systematic Assessment of the Empirical Support for Transaction Cost Economics. Strategic Management Journal, 2004, 25(1): 39 ~ 58
89. Dmsetz, Harold. Ownership, Control, and the Firm: The organization of Economic Activity. vol. I. Basil Blackwell Ltd, 1988, 1990: 21 ~ 23
90. Draswell-ETetD. Agroforestry in the Management of Sloping Lands in Asia and the PaDifiD. The annual meetings of the AmeriDan SoDiety of Agronomy . DonneDtion, 1996. Agroforestry-systems. USA: 1 ~ 3, 121 ~ 137
91. Dumanski, J. et a1. Soil Donservation in Danada. J. Soil Water Donserve, 1999, 41 (4): 204 ~ 210
92. Egan A F, Waldron K, RaeDhka J, et a1. EDosystem Management in the Northeast. Journal of Forestry, 1999, (9): 24 ~ 29
93. Ernie Jowsey. A New Basis for Assessing the Sustainability of Natural Resources, 2006, (In Press): 1 ~ 6
94. FAO. The State of Forest Resource, 2003

95. Frank Figge. Value-Based Environmental Management. From Environmental Shareholder Value to Environmental Option Value. Corporate Social Responsibility and Environmental Management, 2005, (12): 19 ~ 30

96. Frederick W. Cubbage, David H. Newman. Forest policy reformed: A United States perspective. Forest Policy and Economics, 2006, (9) : 261 ~ 273

97. Geneva. Reports of the meetings of the UNECE/FAO Team of Specialists on the Forest Resources Assessment, UNECE/FAO, 1999 ~ 2003

98. Haripriya Gundimeda, Pavan Sukhdev, Rajiv K. Sinha, Sanjeev Sanyal. Natural Resource Accounting for Indian States – Illustrating the Case of Forest Resources . Ecological Economics, 2006, (In Press): 1 ~ 15

99. HeimliDh, R. E, Bills, N. L. An Improved Soil Erosion DlassifiDation for Conservation policy. SoilWater nserve, 1984, 39(4): 261 ~ 2668

100. Henry J. Ndangalasi, Robert Bitariho, Delali B. K. Dovie. Harvesting of non-timber Forest Products and Implications for Conservation in two Montane Forests of East Africa. Biological Conservation, 2007, 134(2): 242 ~ 250

101. Isaac Ehrlich, Jinyoung Kim. Social Security and Demographic Trends: Theory and Evidence from The International Experience. Review of Economic Dynamics, 2006, (In Press): 1 ~ 23

102. Jalila El Ghordaf, Moulay Lhassan Hbid, Ovide Arino. A Mathematical Study of a Two-Regional Population growth Model . Comptes Rendus Biologies, 2004, 327(11): 977 ~ 982

103. Jan Hofer, Athanasios Chasiotis, Domingo Campos. Congruence Between Social Values and Implicit Motives: Effects on Life Satisfaction Across Three Cultures. European Journal of Personality, 2006, (20): 305 ~ 324

104. John W. Bruce and Louise Fortman . Property and Foresty. Emerging Issues in Forest Policy, UBC Press, 1992: 60

105. Jongwook Kim, Joseph T. Mahoney. Property Rights Theory, Transaction Costs Theory, and Agency Theory: An Organizational Economics Approach to Strategic Management. Managerial and Decision Economics. Manage. Decis. Econ, 2005, (26): 223 ~ 242

106. Jose Ramón San Cristóbal. Effects on the Economy of a Decrease in Forest Resources: An International Comparison . Forest Policy and Economics, 2006, (In Press): 1 ~ 6

107. Karppinen H. Values and Objectives of Non-industrial Private Forest Owners in Finland Silva Fennica, 1998, 32(1): 60 ~ 80

108. Kirsten Foss, Nicolaij Foss. Resources and Transaction Costs: How Property Rights Economics Furthers the Resources – Based Vies. Strategic Management Journal, 2005,

(26): 541 ~553

109. Liisa Tyrväinen, Kirsi Mäkinen, Jasper Schipperijn. Tools for Mapping Social Values of Urban Woodlands and Other Green Areas . Landscape and Urban Planning, 2007, 79 (1): 5 ~19

110. Little, J. B. . Doing well by doing good. American Forests, 2004, 110(1): 32 ~37

111. Malmsheimer, R. W. , Keele, D. , Floyd, D. W. . National forest litigation in the US Court of Appeals. Journal of Forestry, 2004, 102(2): 20 ~25.

112. M. Bonell, L. A. Bruijnzeel (Eds). Tropical Forest Management to Sustain Water and Civilization Forests, Water & People in the Humid Tropics: Past, Present and Future Hydrological Research for Integrated Land and Water Management. Hydrological Processes, 2005, (19): 1903 ~1904

113. Nathaniel Keohane, Benjamin Van Roy, Richard Zeckhauser. Managing the quality of a resource with stock and flow controls . Journal of Public Economics, 2006, (In Press): 1 ~ 29

114. North D. C, . Institutions Change and Economic Performance. Cambridge University Press &Company, 1990: 69

115. N. C. Restrepo, M. A. Arain. Energy and Water Exchanges from a Temperate Pine Plantation Forest. Hydrological Processes, 2005, (19): 27 ~49

116. Peter H. , Pearse. Property rights and foresty tenure systems. Introduction to forest economics. UBC Press, 1990: 74

117. Samuelson, P. A. The Pure Theory of Public Expenditure. Economics and Statistics, 1954, (11): 45 ~60

118. Schaltegger S, Figge F. Environmental Shareholder Value. Economic Success with Corporate Environmental Management. Eco-Management and Auditing, 2000, 7(1): 29 ~42

119. Shrish Tiwari, Ramakrishna Ramaswamy, J. Subba Rao. Adaptive Control in a Resource Management Model . Ecological Modelling, 1996, 84(1 ~3): 53 ~62

120. Shrish Tiwari, Ramakrishna Ramaswamy, J. Subba Rao. Adaptive control in a resource management model . Ecological Modelling, 1996, 84, (1 ~3): 53 ~62

121. Simen Herbert A. Administrative Behavior – 2d ed. Macmillan, Original Publication, 1947, 1961: 24

122. Softwood Lumber. Ministry of Forests. Government of British Columbia. http: //www. for/gov. bc. ca/HET/Softwood/, 2005

123. Thorsten Mrosek, David Balsillie, Peter Schleifenbaum. Field Testing of a Criteria and Indicators System for Sustainable Forest Management at the Local Level. Case Study Results Concerning the Sustainability of the Rrivate Forest Haliburton Forest and Wild Life

Reserve in Ontario, Canada . Forest Policy and Economics, 2006, 8 (6): 593 ~609

124. Tim Stott. Natural recovery from accelerated forest ditch and stream bank erosion five years after harvesting of plantation forest on Plynlimon, mid-Wales. Earth Surface Processes and Landforms Earth Surf. Process, 2005, (30): 349 ~357

125. Tomas Hellström. Dimensions of Environmentally Sustainable Innovation: the Structure of Eco-Innovation Concepts. Sustainable Development Sust. Dev. (in press)

126. Williamson, O. E. , S. G. Winter. The Nature of the Firm: Origins, Evolution, and Development. Oxford University Press, 1991: 20, 23 ~24

127. Williamson. Transaction-Cost Economics: The Governance of Contractural Reations. Journal of Law and Economics, 1979, 22(10): 3 ~61

128. Willianmson. O. E. The Logic of Economic Organization. Journal of Law, Economics, and Organization, 1992, 4: 65 ~93

后记

在本篇论文结稿之际，心潮澎湃，感慨万千！论文创作前后历时三年，数易其稿，千辛万苦，来之不易！回顾这1000多个日日夜夜，收获的不仅仅是这篇论文，更收获了太多的感慨和感动！

当初，选择国有林权制度改革研究这个博士论文题目，我是没有丝毫犹豫的，而且是带着几点兴奋的。这一方面，是因为伊春已经于2004年4月被确定为全国唯一的国有林区林权制度改革试点，我作为时任的伊春市市长、伊春林业管理局局长，对这个曾经有过历史性辉煌、为共和国建设做出过巨大贡献的国有林区所面临的现实困境，有着潜心的体察和深切的认识，感到突破国有林区的体制性障碍迫切需要改革，广大林区干部群众强烈呼唤改革，改革势在必行，也势在必果；另一方面，是因为改革就是在走前人没有走过的路，特别是国有林区林权制度改革尚属实验和探索阶段，国内外在这方面的研究还很少，感到自己作为其中的亲历者，有责任、有必要结合改革试点的具体实践，做一些理论上的研究和探索，以期找到一些规律性的东西，更好地指导实践。

改革是需要激情的，也是需要理性的。伊春国有林权制度改革试点的获得可谓来之不易，其间经历的坎坷、波折与艰辛，是别人无法理解和体会的。但这一切，从来都没有动摇过我和伊春市委、市政府一班人的决心。改革试点的启动实施，更是对我们的一次重要考验和挑战。伊春国有林权制度改革的核心问题，是真正触及了林业产权问题，它一开先河地打破了长期以来单一国有国营的森林资源管理体制，因而从一开始就决定了其性质不是简单的“一包了之”、“一卖了之”，而是包含着极为丰富的内容和错综复杂的关系，必须审慎把握，科学运作，系统推进。为此，我们按照国务院119次常务会议精神和改革试点方案的总体要求，在具体实践中确立了“五个基本原则”，既注重把保证生态优先、森林不逆转和国有森林资产不流失作为两条不可逾越的“高压线”，又注重兼顾公平，一视同仁，千方百计保证纳入试点范围的每个林业职工家庭都能拥有一块属于自己的林地，拿到“原始股”和“第一桶金”；既注重抓好林地承包经营，又注重配套推进其他各项改革，最大限度地释放改革的综合效应；既注重兼顾好国家、企业、林业职工三者间的利益，又注重处理好生态、经济、社会各个方面的关系。总之，对于这场具有划时代意义的改革，我们丝毫没有懈怠，始终坚持在国家林业局和黑龙江省委、省政府的正确领导下，沿着既定的方向和轨道前进，做到了稳妥有序，波澜不惊，目前已取得了显著的阶段性成果。

实践是理论的源泉，理论是实践的升华。本篇博士论文的选题、构思、立论、起草、完成的过程，也是伴随着伊春国有林权改革试点的充分酝酿、精心准备、启动实施的一系列推进过程而进行的。这其中，融入了自己的很多实践体会和理论思考。尤其是前瞻国有林区体制改革发展方向，综合运用现代产权理论、国有资产管理理论、生态经济学与可持续发展理论的最新研究成果，着重从国有林权制度改革的现实基础、模式设计、支持系统角度，对国有林权制度改革进行了深入分析和制度设计，并结合改革实践，对相关制度的应用效果进行了检验。

当然，学术研究的点滴突破都凝聚着无数人的智慧，包括前人的思想成果，学者长辈的指导鼓励，同辈人的交流碰撞共鸣……

在这里，我首先要感谢哈尔滨工业大学。这所大学遵循了严谨的治学精神，允许探索，尝试，突破，不拘一格，令我备受鼓舞。

感谢我的导师王雅林教授。他渊博的知识、博大的胸襟、无私的品德，特别是诲人不倦、与时俱进的精神感染着我，激励着我。山高水远，师友情长，我将永远铭记在心。

感谢我的师弟、师妹们。与你们在一起，让我感受到奋发向上的朝气与活力。岗位，事业，信念和人类的明天，令我在行进的道路上勇往直前，从不敢懈怠！这一切，更因你们而年轻，因你们而伸展！

感谢黑龙江省科技厅，本研究得到省科技厅科技攻关项目“黑龙江省国有林权制度改革研究”的资助。

最后特别要感谢与我一起奋斗的战友们，是你们的不懈努力，无私奉献和默默无闻的工作支持了我，并为这场改革起到了铺路垫基的作用，荣誉应属于你们，过程使我们融为一体，成果我们应共同分享。

历史的车轮滚滚向前。在党中央、国务院的正确领导下，我国集体林权制度改革已经全面推开，伊春国有林权制度改革试点也正在逐步深入，中国林业已经迎来了体制改革和加快发展的春天，决不可能停滞在某一时点、某一水平上，这是历史的必然。我深信，国有林权非改不可，早改革早主动，晚改革晚主动，不改革就被动。我由衷地希望国有林权改革通过试点能尽早推开，也愿自己的粗浅研究能成为引玉之砖，对推动国有林权制度改革与创新起到一点参考和借鉴作用。同时，也真诚地希望广大读者及相关方面的专家，对我文中的观点和论证提出宝贵意见。

许兆君

2008 年 8 月于伊春